ПОЭЗИЯ
RUSSIAN POETRY
PAST AND PRESENT

№ 6, 2016

CHARLES SCHLACKS, PUBLISHER
Idyllwild,
California, USA

ПОЭЗИЯ
RUSSIAN POETRY PAST AND PRESENT
№6, 2016

Editor / Редактор

Yelena Dubrovina / Елена Дубровина (USA/США)
yelena_dubrovin@yahoo.com

Editorial Board / Редакционная коллегия

Зарубежная Россия: Russia Abroad Past and Present
is published annually by
Charles Schlacks, Publisher, P.O. Box 1256, Idyllwild, CA 92549,
USA. Email: schlacks.slavic@greencafe.com

ISBN-10: 1-884445-99-3
ISBN-13: 978-1884445651

ISSN: 2380-8055.

On the cover / На обложке: Елена Краснощекова. Париж.

СОДЕРЖАНИЕ

СОВРЕМЕННАЯ ЛИТЕРАТУРА

ПОЭЗИЯ

ИЗ ЛИТЕРАТУРНОГО НАСЛЕДИЯ

ПОЭЗИЯ / ЗАБЫТЫЕ ИМЕНА

ИЛЛЮСТАЦИИ

**РЕДКОЛЕГИЯ ЖУРНАЛА
СЕРДЕЧНО ПОЗДРАВЛЯЕТ
ВАЛЕНТИНУ АЛЕКСЕЕВНУ СИНКЕВИЧ
С 90-ЛЕТИЕМ И ЖЕЛАЕТ ЕЙ ДОЛГИХ ЛЕТ ЖИЗНИ,
НОВЫХ СТИХОВ И ТВОРЧЕСКИХ УДАЧ!**

Валентина Синкевич. Портрет работы Владимира Шаталова

Валентина СИНКЕВИЧ
Филадельфия, США

* * * * *

Матери и отцу

Еще мой день так дивно молод –
ему еще нет сотни лет.
Зной спал. И не тревожит холод.
И светел в памяти далекий след

Зимы.... Без абажура лампа,
и стол накрыт богатым яством книг.
Слова, как молоко, я выпивала залпом.
И стол был щедр. И мир велик.

Была еще соломенною крыша,
поленья в печке знали ворожбу.
И ничего потом я не встречала выше
тех книжных зим, проложенных в судьбу,

когда я знала только: мама, папа,
их – плоть от плоти – Да и Нет.
И потому еще горит без абажура лампа
поверх моих посеребренных лет.

* * * * *

> Shelter this candle from the wind
> *Edna St. Vincent Millay*

Защити свечу,
защити от ветра.
Пусть не горит так ярко,
пусть ее будто нету.
Нам не надо, не надо
так много света.
Защити ее,
защити от ветра.

10

Пусть на руку твою
она оплывает тихо.
Ветер стих. И гроза
почти уже стихла.
Это капает воск,
а не слезы твои,
не мои слезы.
Это мой стих,
это твой стих,
а не слова
мертвой прозы.
Если спросишь ты
и не получишь ответа —
это значит — свеча
погасла от ветра.
Пусть она обожжет
мою руку,
но не гаснет. Темнота
предвещает разлуку.
Предвещает ничто.
Ни грозу. Ни солнце.
Ни ветер...
Защити свечу, защити —
покуда мы вместе.

* * * * * *

Что сказать о своем житье?
Да, к небоскребам привыкла.
И даже в русском моем нытье
чужестранная нота выпукла.
Я чужбинную ноту пою —
насквозь, надрывно и томно
в небоскребно-бетонном раю —
птицей на ветке темной.
Так пою, что не знаю сама —
где я? Откуда я?
Только пыль, да ковыль,
на дорогу сума...
Эх, не сойти бы с ума
в русский платок плечи кутая.

РАЗМОЛВКА

На дворе за окном холод и ветер.
Мы с тобою снова не вместе –
я в феврале, ты в весне или лете.
Дни у тебя те, у меня эти.

Я сижу и пишу стихи тихо,
ты на колесах мчишься лихо.
Ты на колесах мчишься мимо.
Я говорю: счастье – ты говоришь: мнимо.

Я говорю: холод – ты говоришь: лето.
Я говорю: песнь – ты говоришь: спета.
Я думаю тихо, ты думаешь громко...
И оба на льдине тонкой, тонкой.

МУЗЫКАНТ И МЕЛОДИЯ

Кто этот, похожий на Брамса,
музыкант из Калифорнии,
не написавший ни одной симфонии,
ни одного романса?

Задумчиво перышком чистит он флейту,
задумчиво на ней он играет,
ему задумчиво зал внимает,
вслушиваясь в мелодию эту.

Музыкант сживает ее со свету –
она же отчаянно рвется к жизни.
Что ей делать в этой тризне
с музыкантом этим? – другого нету.

Отбивается она от смерти,
прячется в стенах зала,
знает – жить ей осталось мало –
временны стены эти.

Стало жарко в зале и тесно.
Музыкант в свою флейту дышит.
И поэт тяжело и нервно пишет:
так погибают песни.

ПАМЯТИ ОЛЕНЯ

Шли облака. И было индейское лето
с просинью, проседью – красного цвета
терпкий глоток янтарного лета.
Под ногами шуршал вопрос без ответа:
зачем в багряный наряд наряжено лето?

Дай мне, охотник, ружье,
чтобы чаще
олени скрывались бы в чаще.
Дай мне, охотник, ружье.

Под копытом индейское лето хрустит,
в голову втесаны ветви сильные,
ветры сильные пулей бьют на пути.
Не бежать ему, не идти.
Дай, охотник, ружье.

Видел ты, как умирая, плачет олень?
Стань, охотник, перед ним на колени –
умирает оленем индейского лета день,
теплой кровью сочится раненый бег.
Наступает холодная тьма.
Скоро будет зима.
Скоро выпадет снег.

Дай, охотник, ружье.

ПОРТРЕТ

Я насильно вдвинута в эту тяжелую раму.
Я красивым пятном вишу на стене.
Здесь я живу, переживая странную драму –
в этой комнате, в этом городе, в этой стране.

Меня создал художник, списывая с нарядной дамы –
мертвой, только говорить и двигаться умела она.
А я живая – с понимающими и видящими глазами,
но на безмолвие и неподвижность обречена.

Кто дал ему право на это, дал живые тона и краски?
Знает ли он, как кровь моя кипит на холсте?
Он при мне, обо мне говорил нелепые сказки
про любовь, про искусство, о недосягаемой их высоте.

Все это бред. Сам художник не верил в это.
Был он жесток и лжив. Но умел творить чудеса.
Вот и создал меня. Я живу – которое лето! –
Я смотрю на все, не в состоянье закрыть глаза.

Я кляну его, ночью не давая ему покоя.
Он кошмарные видит сны, предо мной ощущая вину.
Я его вдохновенье, двигаю его послушной рукою...
Все же он спит, а я никогда не усну.

Мне годами висеть в этой тяжелой раме.
Он умрет, а я еще долго буду жива –
сотворенная им в трепетной, красочной гамме,
с неподвижной рукой, лежащей на кружевах.

* * * * *

Никто не скажет: пора...
И музыка пляшет вокруг костра,
и нету смычков, и можно без клавиш,
и уже ничего не исправишь,
и сердце стучит под ритм барабана,
и голос звучит тяжело и пьяно,
и руки кричат под стуки стакана,
и тень пролегла великана...
И карлик над тенью стоит.

* * * * *

Дай мне силу прожить этот год!
Каждый день опускаюсь под лед
глубже. Глуше гул голосов.

Над покровами льда
дай мне силу всплывать иногда.
Дай мне силу для вздоха,
дай мне, как хлеба, воздуха,
голубую райскую вспышку,
подари, как детям дарили книжку.

Кто сказал, что пора на вокзал?
К телефонам бежать – кто сказал –
по крутым небоскребам,
разлучившим меня и с землею,
и с небом.
Дай мне силу прожить этот год!

КАК ЭТО БЫЛО

Весь вечер деревья знобило,
и било кусты в лихорадке,
и утренний чай был несладким
напитком тревожным,
обои маячили сложным
дождливым узором,
врывалось назойливым хором
несвязно-пустое,
и нас было двое
в расплывчатом мире,
нас двое – не в мире
с землею и небом.
Ты вышел – как не был.
Дождливый узор на обоях
в мире, где было нас двое.

* * * * *

Да, мы требовали очень многого:
от роботы в поте до высочайших тем.
И вот пустеет наше неуютное логово.
Но будьте благодарны тем,
писавшим чернилами, красками.
Плакали, днями работали,
и к звездам шли по ночам.

15

Что вы скажите нам, спокойные знахари?
Нас узнаете по смертельно усталым глазам?
Мы уходим с земли. А земля иностранная.
А своя жестока. И на тысячи верст
разметала судьба нас,
одарила случайными странами.
Знайте, путь наш был – ох как не прост.

* * * * *

Пусть скажут сейчас музыкантам
сыграть какой-нибудь вальс...
Будто зал, будто бал. – Я была там,
на этом балу – только для вас.

Будто платье, скрепленное бантом,
ожерелье и камни колец.
Будто быль, будто пыль фолиантов
и красивой эпохи конец.

И начало эпохи без вальса,
без балов, без меня и без вас.
Будто сон, будто стон, будто...
сыгранный кем-то вальс.

* * * * *

В тот первый ряд – нет, не иду.
Другие за меня прильнут к светилам.
Тружусь я в одиноком, но своем саду –
всё остальное не по силам.

Да, этот первый ряд – каприз и спесь
в стихе развязном и убогом.
А я ведь яблоневый цвет и песнь
прошу у сада, и у Бога.

Павел Бабич

Павел БАБИЧ
Спрингфилд, США

НОСТАЛЬГИЯ

> *В изгнании воздух горький,*
> *Как отравленное вино...*
> Анна Ахматова

1.

Пустынна и светла дорога.
Еще горит моя звезда.
Но всё теряя понемногу,
Я не успею никуда –

Ни в поле – травам поклониться,
Ни в храм, где колокол гудит.
Какому Богу помолиться –
Услышит и меня простит.

Какому Богу помолиться,
Чтоб не приблизилась беда?..
Но ни молиться, ни виниться
Я не учился никогда.

И день пройдет. Твой свет прольется,
Вдруг на ресницах задрожит,
И болью сердце отзовется,
И сердце грустью напоит.

Мне суждено с тобой проститься,
Но ни дано тебя забыть.
Какому Богу помолиться
И за судьбу благодарить?..

Какому Богу помолиться,
Чтоб отодвинулась беда...
Но не молиться, не виниться
Не научусь я никогда.

2.

Будет небо чужое, чужая вода,
На чужом языке будут петь провода
Под чужие дожди от утра до утра,
Под чужие снега и чужие ветра.

На чужом языке будут сосны звенеть,
Будут звезды чужие на небе гореть,
И чужая луна, как сова, с высоты
Будет мёртво глядеть на чужие кресты.

На чужом берегу, у чужого огня
Ты чужими глазами рассмотришь меня...
И тогда отпусти мне грехи, и прости
За удары, что я не смогла отвести.

У чужого огня, на чужой стороне,
На родном языке помолись обо мне.

3.

Предаст и зароет, и руки умоет.
Сначала не вспомнит, потом позабудет.
Моими руками творит и неволит...
Уеду. Пусть лучше меня здесь не будет.
Уйду. Улечу. Уплыву подо льдом.
Оставлю ее и ее преступленья...
Но ляжет на плечи чугунным крестом
Тоска – утешение за отреченье.

4.

Льву П.

Расплескался туман над полями,
Гаснут блики осеннего дня.
Ах, как пахнет земля –
Толокном и грибами,
Укропом, распаренным веником в бане,
Огурцами и пóтом коня...

В черных листьях осины тоскует луна,
Как сова на соломенной крыше.
Тишина.
      Вечер теплым дыханием дышит.
          Но слышу,
Будто рвется струна, и чужая волна
Моет в береге нишу —
          Поспеши…
Ах, как пахнет земля…
Проводите меня
Самогоном и пирогами.

5.

За будкой таможенной пустошь межи.
Друзья мне простят. Я устал ото лжи.
Нет исповеди и не будет причастья.
Несчастие к счастию, счастье — к несчастью.
Пишите…. Прощайте…. Оборвано слово.
Последнее…. Не хороните живого…
Но тело свое я несу в самолет,
Как будто на вынос — ногами вперед.

6.

Вот и всё. И прощай, мое поле.
Между нами отныне вода.
Расставаться с тобою — не горе,
Оставлять свое сердце — беда.

И уже не надеясь на чудо,
Покидая тебя навсегда,
Я еще не уеду отсюда —
Даже если приеду туда.

7.

      Сестре Люсе

Не хорони меня до срока,
Поминки не справляй по мне

В краю родном, в краю далёком,
В забытой Богом стороне.

Я всё такой же, как и прежде.
Поверь и сердце успокой.
Не стал я лучше и прилежней,
А то бы написал домой.

Я жив, здоров, и только вот,
Когда дожди стучат по крыше,
Тоска проклятая грызет.

8.

Там без тебя дожди идут,
Там без меня – снега,
Там без меня уже не ждут
Меня издалека.

Там без меня плывет рассвет,
И плещется вода.
Там без меня мне места нет
Теперь и навсегда.

Там без меня вмерзаю в лёд
И греюсь у огня...
Забудет или позовет
Назад она меня...

9.

Е. А. Л.

То снега метут, то дожди прольют,
То ветра поют на дворе –
Зовут водку пить , или петлю вить,
Или волком выть в декабре...
Но роняет тень, и уходит день,
Проплыву во сне я к весне.
С четырех сторон расплескает сон,
Словно перезвон, крик ворон.

Напоит меня досыть, допьяна
Болью, радостью до зари.
Вот и дома я. Печь затоплена.
Как живите вы, скобари?
Как живете вы, без меня одни?
Худо ль вам, как мне, без родни?..
Но дрожит в окне белых яблонь цвет,
И ведёт тропа в дом не свой,
И как волчий след, мои сорок бед
За моей спиной, за стеной.

Все снега пройдут, Все дожди прольют,
Ветры тень мою унесут,
Криком журавля, в дальние края,
В синие поля за моря.
Вечер на дворе. Лампа на столе.
Отблески из печи на стене –
Там, где крик ворон, словно перезвон
С четырех сторон от окон.
Постучится в дверь, как апрель, капель,
Будто в светлый день, моя тень
Встанет у огня, будто дома я...
Как живете вы без меня?

10.
                 В. В.

Становятся дни короче,
А ночи длиннее,
И галстук, купленный в Риме,
Как будто петля на шее.
Всё туже петля и туже.
Я выдернут, как страница.
Бумажным корабликом в луже
Плаваю заграницей.

11.

Господи, крышу дай,
Стены, и дай мне дверь.

Я ли не верю в рай...
Только Ты дай теперь.

Дай мне в стене окно.
Господи, дай мне свет,
В щелочку, все равно,
Если оконца нет.

Обзаведусь котом,
Стану писать стихи...
Господи, дай мне дом
С легкой твоей руки.

*Ленинград – Нью-Джерси
(1978 – 1985)*

* * * * *

Уехала. Один остался я.
Куда спешить? Слоняюсь по перрону.
Где скрылся поезд, вспыхнула заря,
Как будто горизонт надел корону.

Ты в поезде. Давно под стук колес,
Быть может, спишь уже, или мечтаешь,
Или в окно глядишь, или читаешь,
Не видя в небе ни луны, ни звезд.

Лишь стук колес.... Шум суеты исчез,
Вагоны под откос роняют тени,
И убегают, обнажив колени,
От поезда березки в черный лес.

Туман проплыл над спящею рекой,
На стекла бросил влажную повязку...
Придумываю на перроне сказку,
Забыв, что я не в поезде с тобой.

1972

* * * * *

Стучали яблоки в саду,
Всю ночь стучали до рассвета.
Кончались отпуск, август, лето...
Холодной осени приметы
Сентябрь вел на поводу.
Стучали яблоки в саду.

1977

ПАМЯТЬ

Р. Ч.

Я завидую вам, журавли...
Б. Рогинский

Гладью сиреневой вышит узор.
Новая скатерть. Прибранный стол.
Хлеба горбушка. Кружка вина.
Выпьем ее на двоих, старина.
И погрустим. И еще раз нальем.
И посмеемся — и слезы утрем.
Горе не море, вино — не вода...
Вот и опять ты уходишь туда,
Бродишь одна, где давно меня нет...
Хмурое утро сменяет рассвет.
Новая скатерть. Прибранный стол.
Гладью сиреневой вышит узор.

1984

* * * * *

А. В. К.

Нет, не зимою, не весной,
И даже знаю, что не летом —
Во сне, в стихах, в мечтах об этом —
Я осенью вернусь домой.

Войду тропинкой, будто с паперти,
В шуршанье золота берез,
И влажною щекой до слез
Коснусь на миг багряной скатерти…

И клен в огне. И дождь грибной
Пролил. И всё залито светом.
И тишина звучит сонетом.
И всё дослушано тобой.

1984

ВЕЧЕР

В. К.

Вечер бубнит, аукает – ночь ли не отзовется…
Посвистом, постуком, шорохом всхлипывает и смеется
В голос, негромким шёпотом. Вяжет по скосам тени,
В черную гладь реки падает на колени.

Сумерки убаюкивают. Или кому неймется,
Ищет наощупь постуком посоха…. Дымкою льется,
В черную гладь реки ночь окунает косы.

Вечер звенит, бормочет, звездам раскрыв ладони,
Шорохом или окриком – то к водопаду кони
Гулким проходят топотом, дня завершая вёрсты…
В черную гладь реки ночь уронила звезды.

1984

* * * * *

М. Кагановичу

Я в новый век приду пешком,
Как на свиданье, налегке,
По заблудившейся строке…
Постукивая посошком,
Как путник, потерявший дом.
Дождем, туманом, мокрым снегом

Я в новый век приду...
          Потом
Пусть кто-то скажет, что я не был.

1986

* * * * *

Глухие шторы на окне,
На простынях печать...
В приюте, в чуждой стороне
Я буду умирать.

Расплещет красное вино
Рассвет из чаши дня
На голубое полотно,
Чтоб проводить меня.

Присядет молча на кровать,
Войдет без стука в дверь,
Когда я стану умирать...
Да жив ли я теперь?

Вермонт, 1994

ПАМЯТИ ДРУГА, ДОКТОРА ЛЬВА ПЕТРОВА

Ты должен сделать добро из зла,
потому что его не из чего больше сделать.
                              Р. Л. Уоррен

Возвращается ветер на круги своя
От начальной строки до последнего слова.
Возвращается день, но уходят друзья —
Навсегда, безвозвратно. И снова, и снова...
Почему же так долго несли провода
Эту весть, на предельно растянутой линии —
На чужой материк, как письмо из Бастилии,
Лишь два года спустя докатилась беда.
С ним во сне я всегда говорил, как с живым.

От начала строки до последнего слова
Сны мне лгали, и знаю, что лгать будут снова.
«Дым отечества сладок...». Отравленный дым.
Лебединая песня. Оборванный вскрик.
Миг – и сломаны крылья. Круги посредине реки...
Только я к этой мысли еще не привык.
Я не верю. Читаю и плачу и снова –
От начала строки до последнего слова.
Я закрою глаза и увижу лицо.
Час прощанья... Усмешка... Пожатье руки...
Если б смерти разжать роковое кольцо –
Мы бы вместе дошли до последней строки.

1986

ЕГО ВЕЛИЧЕСТВО АВГУСТ

> ...Пылится в моей передней
> Взрослый велосипед...
> *А. Галич*

Я в август приходил из ноября,
В бесповоротность провожая осени,
Но вам не нужен я...

Когда-нибудь мои стихи прочтут.
Перелистают, а потом забудут.
И будет книжка, а меня не будет –
Я со страниц приду на пересуд.
И не ровесники мои – другие люди
Когда-нибудь мои стихи прочтут.

1995

Александр КАРПЕНКО
Москва, Россия

* * * * *

Элле Крыловой

Кроны веток упрямо
Шелестят за спиной.
Только нет моей мамы
Где-то рядом со мной.
Всё на месте – и камень,
И ларёк, и витраж.
Только нет моей мамы –
И неполон пейзаж.

Чья-то тёмная тайна
Маму вдаль увела.
Словно вышла случайно –
И домой не пришла.
Шла усталой походкой –
Мне ли это не знать?
Можно старою фоткой
Бытие доказать.

Эта женщина – Боже! –
Я глядел из окна –
Так на маму похожа,
Будто это – она!
Горизонты сужая,
Всё стоит на краю...
Это мама чужая!
Возвратите мою!

...О великий, могучий!
Помоги, просвети!
Я пройду через тучи,
Чтобы маму найти.
Как ребёнок, рыдаю,
Запыхавшись, стою:
«Это мама – чужая!
Возвратите мою!»

* * * * *

Я буду ждать Вас: день, иль век,
Пока пространство не почато,
Мой ненаглядный человек,
Земное чудо, Божье чадо!

Я буду ждать Вас день и век,
Пока в душе горит лампада,
Проступит влагой из-под век:
Вы, только Вы – моя награда!

Как чист и светел Ваш родник!
Кричали чайки у причала,
И мне почудилось на миг,
Что сам я – только Ваша чара...

* * * * *

Всё пройдёт. Вот и листья вспорхнули из сада;
Всё о счастье каком-то мечтали – и вот...
Будто всей нашей жизни оседлой награда –
Неожиданных крыльев прощальный полёт.

Боже мой, как же миру мы все надоели,
Выпадая из цепи грядущих времён;
На земле твари Божьи надолго осели –
И природа мечтает нас выдворить вон.

Всё проходит... а жизнь остаётся загадкой,
Вечным промыслом судеб, стечением лет,
И, быть может, однажды вздохнёшь ты украдкой,
Возвратив мирозданью свой листик-билет.

* * * * *

Дитя природы, лань лесная,
Играла в девственном лесу,
Почти совсем не сознавая
Свою нездешнюю красу.

Она подчас тихонько пела,
Как будто трепетно душа

Заполонить весь лес хотела,
Высоким пеньем ворожа.

И меж людей она ходила,
Но, привнося сомненьем боль,
Её душа превосходила
Любую временную роль.

Ей от природы дан был слепо
Цветного зрения обман,
И звал к себе её на небо
Души молитвенный орган.

* * * * *

Сколько может познать человек?
Полюса примирить – и не сбросить!
Увяданье и сказочный спектр
Совместила прощальная осень.

Спелых красок ликующий крик
Нас в хрустальные выплеснул дали...
Я люблю твой Божественный лик,
Время брызжущей светом печали!

Вен древесных душистая цветь,
Медных листьев затактные звуки...
И так сладостно в них умереть:
Смерть – любовь, только – с маленькой буквы...

Жизни цикл задают времена,
В том бессмертия вижу пласты я.
Вы простите, зима и весна!
Вы в сравненье – немножко пустые!

Сколько может вместить человек? –
Чаша жизни нечаянно спросит.
Как бы короток ни был наш век,
В полноте своей – будем как осень!

* * * * *

В тихом мерцанье планет,
В царство людей нисходя,
Ангел меняет свой цвет,
Чтобы не выдать себя.

Чтобы безусая чернь
Не потешалась над ним,
От вороватых очей
Прячет он крылья и нимб.

Только лишь мысли полёт
Ангела в нём выдаёт...

* * * * *

Чужого горя не бывает.
Нам сопричастна жизни соль —
И беспрестанно обжигает.
Воруя сердце, чья-то боль...

И, мнится — нас лишь не хватает,
Чтоб разлетелось вороньё...
Чужого горя не бывает.
Пусть оно тише, чем своё.

БЕЗЗАЩИТНОСТЬ

То прячась ожиданьем
в тишину,
то от себя укрывшись
в птичьем гаме,
рядится беззащитность в белизну,
как хрупкий наст,
не попранный ногами.

То, вдруг согревшись
холодом стекла,
раскованностью
чаяний скольженья,

рядится беззащитность в зеркала,
в метафоры и тропы отраженья;

и блеклость придорожных фонарей
её томит, преследует и гложет,
и от цепей
избавиться скорей
она и хочет – но, увы, не может.

НЕБЕСНЫЙ КУТЮРЬЕ

Пламень сердца звали дали,
Были грёзы так свежи –
И из снов соткал вуали
Кутюрье твоей души.

Так душисты, так певучи
Диадемы и колье!
Их никто не знает лучше,
Чем Небесный Кутюрье.

И, в одной с тобой отчизне,
Он расскажет не спеша,
Сколько раз за время жизни
Одевается душа.

Крикнет, заглянув в оконце:
–Это платьице – твоё!
Душу выбрал Праздник Солнца!
Праздник Жизни ждёт её!

И она, не сознавая,
Где лежит её предел,
Ждёт посланца, как Даная,
Чтобы он её... раздел.

Борис МАРКОВСКИЙ
Корбах, Германия

* * * * *

«Не пишешь, не пишешь, не пишешь…».
О чем же тебе написать?..
О том ли, что ветер над крышей
листву заставляет летать?

О том ли, как мне одиноко
в неприбранном доме-тюрьме?..
Ты помнишь, у раннего Блока,
а может быть, у Малларме?

Всё та же, всё та же морока,
вселенская хворь или хмарь –
кромешная музыка Блока,
аптека, брусчатка, фонарь…

* * * * *

День прожит без труда и без труда забыт,
как будто в мерзлый гроб последний гвоздь забит,
как будто осень, выходя из просек,
у голых веток подаянья просит.
Как мертвый стих, написанный вчерне,
он требует любви, которой нет во мне.
Лишь на столе свеча всю ночь горит.
День прожит без труда и без труда забыт.
Лишь в небе за окном колючая звезда
безмолвствует в ночи. День прожит без труда
и без труда забыт… Забудь и ты, дружок,
навязчивый мотив, пастушеский рожок,
далекий тихий свет, колеблемый в ночи,
колючую звезду и тусклый свет свечи.

* * * * *

Снова снег заслонил тишину,
и сугробы растут, как грибы.
Стоит кресло придвинуть к окну –
и уже не уйти от судьбы.

33

Он идет, как безумный кентавр,
по заснеженным мертвым холмам;
вот он входит в соседний квартал,
подступая к замерзшим домам.

И в его неподвижных зрачках
я не вижу уже ничего
кроме страха господнего... страх...
Только страх за себя самого.

* * * * *

Тихо бреду мимо старой ограды,
боль так отрадно легка,
и, как награда, вдоль старого сада
тихо плывут облака.

Чуть покосилась резная калитка,
всюду покой, тишина...
И на губах замирает улыбка,
и колокольня видна.

Осень.... Куда-то торопятся стаи,
следом и мне бы лететь –
только усталое сердце не знает:
жить? умереть?

Только усталому сердцу отрадно
тихо грустить в тишине.
Осень, скамейка, калитка, ограда
и облака в вышине...

Осень, калитка, чуть слышное пенье,
сердце в плену, как в бреду...
И, как молитва, как сон, как забвенье –
осень в забытом саду...

НОЧЬ В АМСТЕРДАМЕ

Мне шальная звезда нашептала,
или в книжке какой прочитал:

«Если можешь, начни все сначала
даже, если смертельно устал».
А потом, передвинувшись вправо,
прошептала еще: «Подожди –
ждут тебя и богатство, и слава,
и любовь, и любовь – впереди!» –

Прошептала и тут же пропала,
осветив на мгновенье канал...
Ночь, огни, в двух шагах от канала –
безнадежный и страшный вокзал.

Вдруг поймешь у ночного вокзала,
в незнакомый забравшись квартал:
жизнь прошла.... Разве этого мало?
Но ведь я ничего не сказал...

«ПОЭМА О ВЕЧНОЙ ПЕЧАЛИ»[1]

Что под рукой?.. Опять Хименес, Лорка,
угрюмый Борхес и Дюма...
Дверь на балкон распахнута.... Подкорка
совсем сошла с ума.

Уже с утра прогулки в дебрях парка,
шампанское, шартрез, кагор...
А к вечеру – опять Петрарка
или какой-нибудь Тагор.

Как это странно: в полумраке комнат
чередовать шаги свои
и сонно думать вслух: «О Боге вспомнят
Артюр Рембо и Бо-Цзюи...».

---

[1] Поэма Бо-Цзюи.

* * * * * *

А. Я.

Изолгалась, изверилась — из ада
транзитом в рай, — ты думала: легко.
Рассказывай еще, Шахерезада,
про райский сад, про птичье молоко...
Когда вдвоем с тобой брели по саду
осеннему, где падала листва
на утлые скамейки, на ограду,
на парапет, и я из озорства
тебя назвал затворницей, — впервые
ты улыбнулась робко, ангел мой...
Пятнадцать лет промчалось стороной!
Теперь года, как псы сторожевые,
нас окружают бешеным кольцом
и сеют страх, и не пускают в дом.

* * * * * *

Похоже, осень за окном...
Поэт, один, в пространстве комнат
(его никто уже не помнит)
сидит за письменным столом,
глядит на меркнущий закат,
перебирает письма, даты,
бормочет: «Все мы виноваты...
никто, никто не виноват...».

Александр ГАБРИЭЛЬ
Бостон, США

ИЗГНАННИК

Отправьте меня в Дакар,
отправьте меня в Рабат,
отправьте, куда Макар
ни разу не гнал телят;
туда, где кричат: «Уйди!»
и весело бьют под дых,
где будешь чужим среди
своих, не своих, любых;
сумейте послать меня
в отстойник, на свалку, в сток,
где, может быть, съест свинья
и радостно выдаст бог;
сравняйте меня с землёй,
забудьте мой цвет и ник,
и, вымарав номер мой
из всех телефонных книг,
почуяв, что я умолк,
присядьте испить винца,
отметив тем самым долг,
исполненный до конца...

Позвольте забрать родных
пригоршню стихов, весну,
а также друзей (двоих),
а также любовь (одну);
позвольте напиться в дым,
а лживые зеркала
разбить, и сказать Другим:
«Пока! Не держите зла...».
Пусть станет чужой земля
и яростней – волчий вой,
но мне начинать с нуля
не гибельно, не впервой.
Не так уж и страшен ад,
я прежде бывал в аду;

смогу пережить Рабат,
Нджамену и Катманду,
холодные полыньи,
голодное вороньё...
Лишь были б со мной – мои.
Жило бы во мне – моё.

ПОЛУ-БОСХ

Постылый август, плачь о Босхе. Как пусто... Все ушли на фронт. И лишь закат по-пироговски на части пилит горизонт. А ты сидишь, читая Блока и нервно кушая батон, там, где впадает Ориноко в Байкал, Балхаш и Балатон. Умолкни, шум мотора «Джетты»! Уйди, проклятая тоска! Грязна реальность, как манжеты завзятого холостяка. И, у иллюзии во власти, почти добравшись до полста, ты хочешь, в руки взяв фломастер, убрать всё серое с холста. Тебе б туда, где свет на лицах и в сток стекло земное зло... Но – порох твой в пороховницах от влаги сильно развезло.

Однажды мир исчезнет в дыме, всё расписав от сих до сих под эти стрельбы холостыми в предгорьях трусов и трусих. Казалось, делал много шума и был парнишей – ого-го, но вдруг узрел, какая сумма маячит в строчке «Итого», и не успев хватить стопарик в уютном собственном углу, ты сдулся, как воздушный шарик, случайно севший на иглу. Мечтал творить, вкушая дыни, пронзая мыслью пустоту, и возлежать на паланкине под сенью девушек в цвету. А нынче бизнес – штопка брешей и, как всегда, точенье ляс... И не поймешь, камо грядеши. И пыли слой, где стол был яств.

А под ногами – грязь и гравий, а с высоты смеется Бог... Ты был не самых честных правил, и вот – не в шутку занемог. Вокруг кишма кишит крольчатник, а у тебя с недавних пор мыслишки стали непечатней, чем сленг, украсивший забор. Бредя от аха и до оха, влачась, как плуг по борозде, ты отыскал в лице Мазоха коллегу, друга и т.д. И снова день истает в воске, вздохнет на ветке птица дронт...
Постылый август, плачь о Босхе. Как пусто... Все ушли на фронт.

ФЬЮЖН

Как ведется в издревле написанной пьесе,
наш полдень завьюжен.
Наши жизни распались на адские смеси,
на джазовый фьюжн.
Все дороги-пути замели навсегда нам
коварные боги,
и согласно пока непроверенным данным –
зима на пороге.

Непогода. И значит, что всем не до смеха.
Остыли, простыли...
Кто-то сменит, наверно, на шапки из меха
бейсболки простые.
Но пока нам аккорды задорные снятся
на старенькой лире,
декабри не страшны нам, как минус пятнадцать –
для Роберта Пири.

Говорят, что мы полностью вышли из моды.
Из песен и писем.
Говорят, что по-рабски мы все от погоды
сегодня зависим.
Не давите на нас пропагандою лета
надрывно, натужно...
Нас когда-то зажгли. Мы не гаснем, и это
кому-нибудь нужно.

А ненастью промозглому кланяться в пояс –
идея убога.
И пускай страховой наш несеверный полис
просрочен немного,
и звучит ста сирен гипнотический шепот
то адом, то раем –
глянь на чаши весов: меньший драйв, больший опыт.
Еще поиграем.

ПЛАН

Ну чем не план -- умерить прыть, да из князей – обратно в грязь,
и самого себя корить за то, что жизнь не удалась,
свалиться в пьяный мезозой, в бессодержательный мотив,
и пригасить дурной слезой сиянье ложных перспектив.

Ну чем не план – сказать: «Я пас…». Стареть. Ломать карандаши.
И объяснять уход в запас сквозным ранением души.
Стать, как забытый на мели когда-то резвый галион,
и в серой извалять пыли победный в прошлом шёлк знамён.

Приняв покой за абсолют, примером из Упанишад
сидеть и ждать, когда нальют. Найдут. Накормят. Разрешат.
До срока проиграть войну, картошку размолоть в пюре
и всё списать на седину и беса, сдохшего в ребре.

Ну чем не план?! Приходит срок по жизни планов не иметь,
легко сменив упругий рок на ностальгическую медь,
забыть сияние наград, забыть тревожное Вчера
и наблюдать, как хлещет град по углям бывшего костра.

БОЛОТО

Не сочинит здесь песен соловей,
и сердце от тревоги не спасётся…
В капкане изувеченных ветвей
запуталось застенчивое солнце.
Дух леса зародился и зачах,
наверно, здесь, где ни воды, ни суши.
Лишь пустота в базедовых зрачках
на кочках восседающих лягушек.
Зато они привычны ко всему
бестрепетно, безмолвно, неустанно:
и к свету, нисходящему во тьму,
и к вони восходящего метана.
Здесь тих и незаметен бег минут;
на воздухе узор тоскливый вышит…
Здесь жить нельзя – но всё равно живут.
Наверно, даже чувствуют. И дышат.

Замри. Всё образуется само.
Покой всегда стабильнее полёта...
Затягивает ряска, как бельмо,
зеленый близорукий глаз болота.

ПРОГРАММА НА НОЯБРЬ

Удел у ноября – закрыть на время визы
в альтернативность дел, забот и вечеров.
Остался путь домой. А дома – телевизор
под раскалённый чай и треск каминных дров.

Лишь в нескольких шагах – звериный посвист ветра.
Бесстыдно, напоказ с дождем смешался снег;
но ты успел спастись в скупых квадратных метрах;
ты, как счастливчик Ной, забрался в свой ковчег.

В TV – комедиант, американец-афро,
магнитофонный смех студийных дурачков.
Ты в вечной полумгле между «вчера» и «завтра»,
меж небом и землёй – грядою облаков.

Сплав мела с чернотой дает в итоге серость –
ту серость, что всегда ждёт доступа к строке...
И целится в экран Антонио Бандерас,
и вертит Бритни Спирс колечком на пупке.

1980

Прохладный день. На три канала телек. Вальяжный диктор надувает щёки. Пинкфлойдовский уютный psychodelic слегка придавлен стенами «хрущёвки». Я жду тебя. Привычно, хоть и странно. Сплетение теней. Театр Кабуки. На кухне (два на три) – вода из крана... Пора чинить, да не доходят руки. Пора бы, наконец, начать учиться, в конспектную свалиться паранойю... Ан, нет! И ожиданья психбольница довольна пациентом, то бишь мною – я верен ей. Мне дважды два – семнадцать, мне логика извечно не катила... Я прохожу букет реинкарнаций. Я Бонапарт, и Байрон, и Аттила. Я больше не дружу со здравым смыслом, я не дружу со снами и с обедом... Я жду тебя. И мне закон не писан. Я жду тебя. И мне закон неведом.

А рядом, у соседа – плохо с сердцем, и он, косноязычен и неистов, глотает, словно воду, водку с перцем, и костерит проклятых коммунистов. А там, снаружи; там, где воздух чистый, где спрятан мир под облачной подушкой, несутся на такси таксидермисты, мечтая быть то чучелом, то тушкой. Снаружи, там – поэзия и проза, ни честности, ни пафоса не пряча, бичуют председателя колхоза, повинного в огромной недостаче. А где-то – НХЛовские драфты, и шведы снова нашими разбиты, и радостно выходят космонавты на околостозевые орбиты. Снаружи, там, на опере «Паяцы» – овации с галерки, крики «Браво!»... А я всё жду. Хоть знаю – не дождаться. Но просто верить – это тоже право.

С тех пор прошли столетия. Эпохи. Десяток тысяч дней – отнюдь не шутки. И памяти прессованные крохи от вечности оставили минутки. И я смотрю на занятые ниши с невидной и исхоженной вершины, что Марианской впадины не выше (ну разве на ничтожные аршины). И шанса нет, чтоб дважды – в те же воды, как ни хрипи уставшею гортанью, и ставшие анодами катоды легко меняют внешность мирозданью. И в целое соединяя части, я понял, отблуждав в тернистой чаще: то ожиданье – давнее несчастье – и было счастьем. Самым настоящим.

Игорь Джерри КУРАС
Бостон, США

ПСАЛОМ 140 (PSALM 141)

Господи, воззвах Тебе, услышь мя!
Что же я один во тьме кромешной?
Прожил, никому не нужный, лишний.
Даже там, где вырос – был нездешний.
Пригоршнями я сгребал поспешно
угольки в едва остывшей ране;
этих линий контуры сотрешь ли?
сохранишь ли, как бывало ране?
В назиданье или в состраданье –
или просто потому что нежный:
как ладонь Ты называешь – дланью,
как Ты веки называешь – вежды.
Господи, воззвах Тебе, услышь мя!
укажи дорогу мне до брега –
где вечерней жертвой возлежишь на
чёрством небе мартовского снега.
Всё, что до и после, – бессловесно,
потому услышь мя где-то между:
может оттого, что интересно, –
или просто потому, что нежный

* * * * *

Сокровище моё, мне плохо без тебя.
Ночные города в тоске невыносимой –
покуда над землёй дурную весть трубя,
летит за горизонт тяжёлый клин гусиный.
И даже если клён звенящий – насеком
и радостен пока – я знаю: он от силы,
как всякий блудный сын, вернётся босиком
туда, откуда шёл в тоске невыносимой.
Сокровище моё! Безвестные дожди,
(труба дурную весть) расходятся полками,
уже давным-давно, не ведая вражды –
как будто даже смерть нашла косой на камень.
Мне плохо без тебя. Я тот же блудный сын,
я тоже в трёх соснах, в трёх клёнах, в трёх осинах

запутался, и жизнь растратил. Не один.
С тобою на паях – в тоске невыносимой.
Сокровище моё. Я вымучен. Смотри,
как стелются слова вдоль плоскости. Так ряска
затягивает пруд, но глубину внутри
не сможет одолеть – беспомощна и вязка.
И ветер за окном все ночи напролёт,
трубит дурную весть, бьёт клёны, гнёт осины.
Мне плохо без тебя, сокровище моё,
в безвылазных дождях, в тоске невыносимой.

* * * * *

Возвратиться в свои палестины,
прокатиться туда-обратно;
запах яблока и апельсина
в грубой тумбочке прикроватной.
Запах детства, превью сиротства
с бородой непременно ватной,
где настенных газет уродства;
коридоры, углы, палаты.
Вот берёзка, а с ней рябина,
да над речкой висят ракиты:
те же яблоки-апельсины
позабытые – не забыты.
Здесь погосты весной, как грядки:
посмотри, ни одной оградки –
надо ж так заиграться в прятки,
чтоб исчезнуть совсем, ребятки.
Это яблоки и апельсины –
не противься, не бейся, сдайся:
возвратиться в свои палестины
не получится, не пытайся.
То берёзка, а то рябина –
то опять над рекой ракита;
всё струится моя тропинка
позабытая – не забыта.
Только память плодит плаксиво
эхом спятившим, – многократно:
запах яблока и апельсина
в грубой тумбочке прикроватной.

44

* * * * *

Что же мне тревожиться особо? —
если в теме, значит сам я с теми;
у меня есть ключ от небоскрёба,
я иду, отбрасывая тени.
Есть слова, в которых больше смысла,
чем способно замусолить ухо;
есть ступени в небо, но немыслим
путь наверх (ужо тебе, старуха).
Одинокий голос человека
не умеет постучаться в двери;
в коридорах отдаётся эхо,
тучи вдоль окна плывут на нерест.
И старуха, собирая мусор
из корзин в огромную коробку,
видит: ярким яблоком надкусан,
день закатный умирает робко.
Глянь: река лежит на изготовке
не больна — блудлива не на шутку;
и пасутся божие коровки,
и пастух смакует самокрутку.

ПАМЯТИ МАЛЕНЬКОГО МУЗЫКАНТА

Мне приснилось: я играю Массне —
я настраиваю скрипку во сне;
темноту, что с неба сходит, клубя,
я настраиваю против себя.
Это только бесконечный урок:
не проснёшься, не надышишься впрок;
не вернёшься, не удержишь в руках
затерявшееся время в веках.
Мама, начал я не с той стороны:
шарил пальцами по вене струны —
но ни пульса не нашёл, ни вины,
чтобы звуку — за четыре стены.
Тишина окрест во всех уголках:
нету толку в деревянных колках —
это только снится, если Массне,
а проснёшься — не проснуться во сне.

Что там струн моих неверный натяг? —
этот строй уже не вспомнить никак:
только водишь сиротливым смычком,
будто в прятки водишь в доме пустом.
Застывает время в нотных листах,
ни мелодией, ни жизнью не став.

* * * * *

Какое занимает время,
пока до нас доходит звук,
пока неопытное семя
живой травой покроет луг.
Тепло земли в невзрачных комьях
впитает жизни торжество;
сочтутся в шуме насекомых
нелепость, жалость, естество.
Там глупость детская, незлая,
голубоглазая, седая
старуха-девочка стоит;
трава, сойдя, восходит с края,
ложится в изморозь и спит.
Я узнаю тебя, я помню,
но мне не суждено с тобой
в незрячем шуме насекомья
вернуться через луг домой.
Я стал таким, как эти комья:
среди травинок не иском я,
не найден больше. Для чего
я принял бедное бездомье
лугов и нежности его?
Как долго ждать прихода звука,
когда над нами жизнь стоит,
покуда девочка-старуха
в прозрачной изморози спит.
Пока над полукругом луга
ещё узнаем мы друг друга,
бредя бесцельно, наобум —
через исходный, как дерюга —
шершавый насекомых шум.

Михаил РАХУНОВ
Чикаго, США

СНЕГ

Взята врасплох искристым снегом,
Уходит прочь ночная тьма.
Над домом, над моим ночлегом
Вновь чудодействует зима.
Кладет ледовую огранку
На тротуар, деревья, пруд.
Встаешь привычно спозаранку
Под шорох медленных минут.

Прошедшей ночи тают тени,
Став меньше минимум на треть,
И есть лишь несколько мгновений
Расправить крылья и взлететь.

Пусть это детская причуда
От сна избавиться тенёт,
Но я лечу — лечу, покуда
Минуты медлят, снег идет.

* * * * *

Как бабочка из гусеницы тела
Рождается в прекрасной новизне,
Моя душа проснулась и взлетела,
Чтоб стать свободной и не тлеть во мне.

Душа парит, расправив крылья, где-то
Осталось ночь, сияньем смущена.
Все это сон. Но, вместе с тем, все это
Любого изумительнее сна.

Земля внизу, я вижу все извивы:
Вот горы, реки, села, города;
Деревья сада — уголок счастливый,
Торосы, снег — глухое царство льда.

Я окрылен, и мне понятен сразу
Весь Божий замысел и весь его расчет.
Все вдруг открылось и привычно глазу:
Меняет краски, временем течет.

И пусть одни не призывают Бога,
Другие бьют поклоны горячо —
Я рядом с Ним, я у его чертога
Гляжу на мир через его плечо.

ВСТРЕЧА

От ночного ангела я слышу
Одобренья теплые слова.
Мы в саду среди цветущих вишен,
От весны кружится голова.

Говорим о вечном и высоком,
О Земле всеобщей и ничьей.
Хорошо коснуться ненароком
Белых крыльев у его плечей.

Он пришел с небес, я с ближних горок,
Он высок, я ростом невелик,
Нам быть вместе лет так через сорок,
Для него, конечно, это миг.

Позади закат, как ломтик тонок,
Мы идем тропинкой, не спеша.
Словно взрослым верящий ребенок,
Семенит за мной моя душа.

Странный миг. Все призрачно. Все с краю.
Жизнь и смерть — две ласточки во мне.
И не важно, жив я или таю —
Я летаю, чувствуя вдвойне.

НОКТЮРН

Я для пошлого мира усталый
Молчаливый сосед на пиру,
И, послушный, довольствуясь малым,
Свой пирог со стола не беру.

Только слушаю музыку свыше:
Шепот скрипок и вздохи басов,
Будто кто-то незримый на крыше,
В плач изводит печали без слов.

А в домишке попойка и пляски,
Шум и смех – бесконечный галдеж,
Все мелькают какие-то маски:
Кто есть, кто, разве тут разберешь.

Только музыка, музыка длится,
Изливается в душу мою,
И закат из небесного ситца
Вторит ей у земли на краю.

КОЛОКОЛЬЧИК

Подари мне двойной колокольчик, осторожная Муза моя,
Дай фонарик, луна наливная, песню спой, беспокойный скворец, –
Я увидел, что мир бесконечен: он вмещается в каплю воды,
Ну, а капля – слезинка живая, что бежит по шершавой щеке
Всех простившего мудрого Бога, подарившего нам свою жизнь.

Говорят, рождены мы для смерти, – я не верю, простите меня:
Нам иная луна бы светила, и другую бы песню нам пел
Умудренный скворец на крылечке перед окнами наших сердец –
Видно, знает гортанная птица нечто важное – и в забытьи,
Бесконечно твердит нам уроки, несмотря на уроки судьбы.

* * * * *

Ночь скуксится; страхов наседка
Растает, и будет опять

Нам солнце, как желтая метка,
На небе бескрайнем сиять.

Та метка напомнит кичливо
О том, что сей мир на века,
А мы лишь мгновение живы,
И ценны, как горстка песка.

И все же, и все же, и все же
Мы тянем свою канитель.
Неужто понять мы не можем
Что цель нашей жизни — не цель,

Что все нашей жизни потуги
Смешны, как труды муравья,
И мы не властители — слуги!
Природы, Судьбы, Бытия?

ПАРАЛЛЕЛИ

Мир двуличен – он по краю
Вьёт и радость, и беду.
Я на поезд опоздаю,
Я на поезд попаду.

Буду ехать первым классом,
Спать на полке с багажом,
Разбавлять горилку квасом,
В ресторане пить боржом.

Врать о Лондоне соседке,
Петь в плацкарте "ямщика",
Фолиант мусолить редкий,
Ночь сражаться в дурака.

На конечной остановке
Побегу в метро не то,
Увезет водила ловкий
Нас с попутчиком в авто.

Буду ярок, как на сцене,
Проведу весь день в пивной:
Этот мир – он тем и ценен,
Как шкатулка, он двойной.

Вы попали под машину,
Укатили за бугор –
Всё на равных, все едино
С давних лет, с недавних пор.

*****

Как снегом, усыпан цветами пустырь.
Пустырь – монастырь беспризорного лета.
Зима безнадежно ответит на это:
Ударит дождем, разольет нашатырь

Тумана, в сердцах погрозит кулачками,
Заплачет и, выбелив инеем камень,
Под землю уйдет, будто жалкий упырь.

И все это мы называем весной,
Весенним приливом, раздольем свободы,
И просто: обычною сменой погоды –
Её объявил календарь отрывной.

И хочется жить, открывать острова,
Невидимых звезд ощущать осязанья,
Давать ощущеньям простые названья,
Вплетая их прелесть, как нити в слова.

И вновь обретает все краски язык,
И кажется чудом привычное слово,
Оно, будто лакомство, снова и снова
Щекочет гортань и тревожит кадык.

И в небо летит оперенный птенец,
И дятел своим упивается стуком,
И день, обучая нас славным наукам,
Шуршит новой кожей под шепот сердец.

Михаил МАЗЕЛЬ
Нью-Йорк, США

КАК НЕ БЫВАЛА…

Ты приходишь и молчишь.
Я окликнуть не решаюсь.
Солнце гаснет, льётся с крыш
боль, почти не сокрушая,
подсказав, куда бежать,
с кем молчать, за что бороться.
Ночь спускается, дрожа
словно лист на дно колодца.
Двор, как утонувший мир.
Миг, как взорванная вечность.
Не течёт из-под кормы
с пеною подобье речи.
Ведь и я молчу, боясь…
ночь пройдёт, как не бывала.
Дождь накладывает вязь
и стихает новым шквалом.
Только скрип далёких звёзд,
что со дна всегда виднее.
Только талии берёз
всё бледнее и бледнее.
Только ощущенье глаз:
нет – не глаз, всего лишь взгляда.
Мгла ночная ведь не мгла.
Вдох – не сон и не рулада.
Ты приходишь и молчишь.
Знаешь ли о том, что знаю?
Этот двор… - он не фетиш.
Я опять иду по краю.
Я опять иду сквозь шторм
очень тихой тёплой ночью.
Паруса закрытых штор
смотрят вслед мне многоточьем.

О ПЫЛЕВОМ ОБЛАКЕ У ВЕГИ

Игорю Хайтману

А вы умеете смотреть на облака?
А на бегущие по озеру полоски?
Вы верите, что мир уже не плоский?
Пускай сейчас он выглядит не броско.
Прошу, не отвечайте мне…. Пока.

Я не готов. Я сам ещё учусь
искусству наблюдения и слуха.
Жужжит пчела. Я будто бы под мухой.
Хотя реально я присыпан пухом.
Вот только с дуновением не мчусь.

Да, я учусь. Учусь считать круги.
До зелени. До желтизны. До снега.
До пылевого облака у Веги.
До из скалы растущего побега.
До муравья, что у моей ноги.

Он движется деталью многоточья,
и не сказать, что он здесь ни причём.
И счёт (какой-то счёт) уже включён,
пока вы размышляете…. О чём?
Как облака плывут? И проч…. И прочее.

ВЕЕР

Всё воспринять и снова воплотить…
Макс. Волошин

Памяти Валеры Гвозда

Человек хотел летать, как птица.
И летал. Взмывал и возвращался…
В маковое поле превратится
всё, с чем он в тот день не попрощался.

Строки песен, голоса поэтов,
стопки чёрно-белых фотографий,
облаков застывшие корветы
у вершин… в стремлении потрафить.

Доброта не может быть нечестной.
Грусть в сердцах обязана стать светлой.
Маки, маки, маки… Повсеместно…
Он чуть-чуть не долетел до лета.

Тысяча дорог в полях, как вены.
Полог вечера на Крым его наброшен.
Маки вопрошают в откровении:
"Не у Вас ли он гостит, поэт Волошин?"

Ночь давно пришла…. Опять не спится.
Звуки затихают, словно тают.
"Как вы… Стихотворцы? Светописцы?"

Маки ждут. Край полога светает.

ХРУПКАЯ ЛУНА

В любом из нас соседствуют две боли:
своя – с иной… за тех, кому больней.
Винт входит в дерево отточенной резьбой, и…
чем глубже, тем давление сильней.
С почти неразличимым чувствам треском,
он прижимает к краю бездны трос.
Он держит всё и вся; наводит резкость.
Мой друг, всмотрись, поднявшись в полный рост.

Когда стихи рождаются из боли,
я, как могу, скрываю эту боль.
Мне удаётся улыбнуться (пусть не более),
пусть те слова похожи на прибой,
который сразу и страшит, и лечит,
и повторяет с мерной чистотой:
«Ах, человечек, славный человечек,
ты не спеши, всмотрись в меня…. Постой…»

И мы стоим, и слушаем, и крутим,
и держимся за трос, и смотрим вдаль.
Тот трос на самом деле просто прутик.
Ты продержался, встал и передал
его другому... с грустною улыбкой,
свой тяжкий винт ещё сильней ввернув...
И серебром по стихшей глади зыбкой
пригонит ветер хрупкую луну.

ПОСЛАНИЕ

> *... в свете недавних событий*

Я слушаю Бетховена и Баха.
Не предадут они и не солгут.
Внимаю им я без стыда и страха.
Они, не зная сами, берегут
от боли, что я прячу так неловко.
Я знаю с ними Верди, Шуберт, Брамс.
Вы не ведитесь только на уловку,
что "мёртвые не скажут одобрямс".
И на уловку, что они бессмертны.
"Бессмертие" — в нём тоже некий трюк.
Хотя... я чувствую их всех буквально в метре
и слышу в темноте движенье рук.

Их больше. Больше. И они – во многом -
над пустотой за окнами с утра.
Они являются по одному: не в ногу,
пусть и не сберегая от утрат.
Пусть и не сберегая, но внушая
через сомнения... уже который век.
И переполнится той музыкой душа...
Я, восприняв, ничего не опроверг...

Вновь слушаю Вивальди, и Шопена,
и Шостаковича, вгоняющего в шок.
Я понимаю, что такое пена.
Она спадает за вершком вершок.
И не язык, и не слова пророков,

не свет, утерянный, сенсеев прежних лет.
Лишь музыка - защитой от пороков.
Лишь музыка – мой проездной билет.
И пусть не всем я верю музыкантам:
послание – оно людей сильней.
Не гении – их детища… Атланты.
Пусть с этим небом нам потом больней.

ЦВЕТА И ЗВУКИ
(ПРЕДЗИМЬЕ)

У зим бывают имена…
Давид Самойлов

У зим бывают имена.
У осени – цвета и звуки.
Я не постиг пока науки.
Я затаившись вспоминал
глаза ее и запах шеи,
и шелест платья по утрам.
Мы – пленники оконных рам,
что дачники в краю решений.
Вот только отдых нам не мил.
Глаза… ведь мы опять не спросим,
о чем молчит под зиму осень
и кто нас вместе приземлил.

Александр МЕЛЬНИК
Брюссель, Бельгия

КРЕСТ ИЗГНАНЬЯ

> *Я слышу – история и человечество,*
> *Я слышу – изгнание или отечество.*
> Георгий Иванов

Беспомощный, как рыба на песке,
я слушал гул чужого лексикона,
а надо мной висел на волоске
дамоклов меч заморского закона.

Но мне побег не ставили в вину,
наоборот – очистили от тины
и строгим пунктам дали слабину,
чтобы повысить интеллект чужбины.

Я видел друга в каждом подлеце,
учился жить без водки и без мата,
но крест изгнанья на моём лице
вдруг проступил отчётливым стигматом.

От острой боли я упал пластом,
потом поднялся, как заправский проффи,
и пошагал, сгибаясь под крестом,
через толпу к невидимой голгофе.

2006

* * * * *

В синеве идеального купола,
над покрывшимся ряской прудом -
там, где облачко брови насупило
перед тем, как пролиться дождём,

в плотной массе дымящего воздуха -
там, где правит природой весна,

где пернатые братья без отдыха
голосят над землёй дотемна,

в глубине бесконечного космоса,
где-то там, где живёт херувим -
будто кролик в классическом фокусе,
спрятан светлый источник любви.

* * * * *

Кто здесь рыба, а кто – рыболов?
Я доверчиво клюнул на пирсинг,
вот и слушаю песню без слов
на краю деревянного пирса.

Что за взгляд – не лазурь, а глазырь!
Поцелуй – и наверх в одночасье
поднимается мыльный пузырь
моего эмигрантского счастья.

* * * * * *

Прекрасная до кончиков ногтей,
пьянящая до умопомраченья...
Высокий слог, а если без затей –
в простой любви моё предназначенье.

Всё остальное – мелкая возня,
игра амбиций, всполохи тщеславия.
Любимая, простишь ли ты меня
за маленькие звёздочки в заглавии?

За то, что рифмы трачу на других,
что редко о любви шепчу на ушко.
Прости меня за то, что этот стих –
лишь сделанная наспех безделушка.

Таинственную власть употреби,
вживи мне крылья в хрупкие лопатки,
чтоб я хрипел в любовной лихорадке –
любимая, любимая, люби...

Князь Дмитрий Шаховской (Странник, 1926 г.)

Валентина СИНКЕВИЧ
Филадельфия, США

ПОЭТ, «ПОЗНАВШИЙ ТАЙНУ МАЛОГО ТВОРЕНЬЯ»

Так охарактеризовал свое творчество в стихотворении «Спичка» поэт, писавший под псевдонимом Странник:

Усталый человек взмахнул рукой
И горький дым глотает по привычке.
И нет во всех мирах души такой,
Которая жалела бы о спичке.

Но, может быть, есть все же сын земной,
Познавший тайну малого творенья, –
Пусть будет он, хотя бы, только мной,
И дар его – одним стихотвореньем.

Сейчас мне вспомнилось, как более полусотни лет назад, я поехала в Нью-Йорк на первое американское выступление уже тогда знаменитого Евгения Евтушенко. Еле достала билет и еле протиснулась в зал, переполненный американской и русско-эмигрантской публикой. Последняя, в те далекие времена, была только первой и второй волны – третья никому не снилась даже в самых фантастических снах. После чтения стихов публика наперебой задавала вопросы неутомимому (до сих пор) поэту. На вопрос – кого из эмигрантских поэтов он знает, Евтушенко, не задумываясь, назвал два имени: Иван Елагин и Странник. Имя Странника прозвучало неожиданно в устах советского поэта. Архиепископ Иоанн, в миру князь Дмитрий Шаховской, поэт Странник – аристократ, первая эмиграция, для Советского Союза не столь одиозная, как вторая, но все же!

Странник был известен далеко за пределами его последней земной обители – Калифорнии. Биография его необыкновенна, она на редкость соответствует его литературному псевдониму.

Дмитрий Алексеевич Шаховской родился в 1902 году в Москве. Умер в 1989 в Сан-Франциско. В несовершеннолетнем возрасте он участвовал в Гражданской войне на стороне Белых, в 16 лет был контужен и после госпиталя демобилизован. Затем он поступил радистом на пассажирский пароход, на котором приплыл в Константинополь. Оттуда попал во Францию. Учился в Бельгии, в Лувенском университете на философско-словесном факультете. В Париже, где жила его родная сестра – писательница Зинаида Алексеевна Шаховская, будущий редактор газеты «Русская мысль», Шаховской редактировал журнал «Благонамеренный» (в нем публиковалась Цветаева). В 1926 году он поехал на Афон, там принял монашеский постриг и был наречен Иоанном. Затем служил в европейских православных церквях (Франция, Сербия, Германия), позже переехал в Америку, получил сан Епископа и со временем – сан Архиепископа Сан-францисского. Владыка Иоанн автор многих богословских трудов и также автор ряда поэтических книг и сборников. В Советской России он был более всего известен своими религиозными радиобеседами «Голоса Америки».

Многое о нем, как о человеке, можно найти в довольно большой книге (318 стр.) «Странник. Переписка с Кленовским»[2]. В ней необыкновенно четко вырисовывается портрет двух одаренных людей, пусть поэтически одаренных неодинаково, но глубоко верующих и религиозных.

С Владыкой Иоанном мне не удалось встретиться лично. У нас была лишь небольшая переписка, и в 1984 году я опубликовала в «Новом русском слове» рецензию на его последний сборник стихов «Удивительная земля» (1983). Странник печатался в поэтическом альманахе «Перекрестки». Однажды, вместе со стихами он прислал мне ксерокопию двух коротких писем Надежды Мандельштам, отметив, что они будут для меня интересны (их я приведу в конце этого очерка). Он также подарил мне несколько своих книг с дарственными надписями. Вот одна из них на титульном листе книги «Переписка с Кленовским» (пунктуация оригинала):

Поэту Валентине Синкевич, от меня – самое доброе пожелание, а от Вашего друга по искусству[3], – эта книга и – время ее к Вам посылки.

*Странник. Большая эта книга
с маленькой в контакте.
1 сент. 1981. Калифорния*

«С маленькой в контакте» – речь идет о небольшом сборнике «Поэма о русской любви», изданном в Париже в 1977 году. Там есть такие строки:

---

[2] *Странник.* Переписка с Кленовским. Под ред. Ренэ Герра. – Париж: Альбатрос,1981. 318 с.
[3] Ренэ Герра (прим. В. Синкевич)

С младенчества Россию я люблю.
С Америкой сдружил я жизнь мою.
Две с т р а н н о с т и[4] в себе соединяя,
Я Странником себя лишь называю,
И потому не говорю – пою...

Адресат Странника в «Переписке с Кленовским» – известный поэт второй волны эмиграции (псевдоним стал затем его настоящей фамилией), сын художника-пейзажиста Иосифа Евгеньевича Крачковского. Дмитрий Иосифович родился в 1893 году в Петербурге, умер в 1977 году в небольшом баварском городе Траунштейн.

Знакомство двух поэтов разных эмиграций и судеб вначале было лишь эпистолярным, затем Владыка Иоанн нередко навещал чету Кленовских, проживших долгое время в немецком старческом доме. Их переписка очень скоро переросла в тесную дружбу – творческую и просто человеческую. Кленовский стал поэтическим мэтром Странника. Это он посоветовал поэту-пастырю взять псевдоним Странник для своих поэтических публикаций. «Странствия» – первый сборник стихов под этим псевдонимом вышел в 1960 году в Нью-Йорке. Он был написан во время «странствий» поэта по городам Америки и по странам Европы, и Малой Азии.

О возникновении долголетней дружбы двух поэтов в предисловии к «Переписке» Странник пишет, что «вскоре после войны, меня с ним познакомило одно из лучших религиозных стихотворений русской поэзии: "Свет горит во мне и надо мною"». Это семистрофное стихотворение называется «Всевышнему». Вот его первая строфа:

Свет горит во мне и надо мною –
Мрака нет и нету пустоты!
Звездным небом и моей душою
Ты твердишь, что существуешь Ты!

И предпоследняя строфа этого же стихотворения:

Как же я Твое не вспомню имя,
Сущего, Тебя не назову!
Жизнь проходит тропами глухими,
И тобой, щедротами Твоими –
Только ими! – я еще живу.

---

[4] Разрядка автора

Я тоже узнала, что есть поэт Дмитрий Кленовский по одному из его стихотворений. Узнала, что он представитель второй волны эмиграции, был единодушно признан «своим» строгими пиитами первой волны.

История такова. Жила я в те давние годы в Гамбурге, в одном из лагерей для перемещенных лиц. После окончания войны, когда еще звучал в ушах «Бомбы истошный крик» (Иван Елагин), и еще становились «дома на костыли» (снова Иван Елагин), вдруг читаешь такие строчки:

Если кошка пищит у двери
И ты можешь ее впустить –
Помоги обогреться зверю,
У плиты молока попить.

Что в этих строчках? Поэтическое мастерство? Необыкновенные образы? Редкие рифмы? Нет, не мастерство – образы, рифмы, та или иная замысловатая лирика. В этих простых строчках есть душа, доброта, необходимая во все времена, но особенно в *те*, уничтожавшие веру в доброту. Это больше, чем литература. Но и в *то* время нашелся поэт, сказавший доброе слово, попросивший пожалеть даже зверюшку, тоже несчастную и беззащитную.

Странник пишет в предисловии к «Переписке»: «Бывает, что за стилистическими упражнениями и даже мастерством, мы видим поэта. И так он ведет свою строчку, и иначе, и опускает, и поднимает ее, и позванивает аллитерациями, а поэзия лишь мошкой малой летает около стихов».

Основные качества поэзии Странника, конечно же, не нужно искать в поэтическом мастерстве. Корни его поэзии в другом. Тяга к высшему: небо, Бог и религия. Любовь к земле, «удивительной земле», и ко всему на ней, ко всему прекрасному, данному ей свыше: люди, природа, поэзия:

Стучится кровь к сердцам ленивым,
Летит земля сквозь тьму орбит,
А василек на белых нивах
О небе с нами говорит.

И открывая нам несмело
Дорогу к радостным слезам,
Он прячет худенькое тело
И васильковые глаза.

Притом Архиепископ Иоанн был человеком «от мира сего» и далеким от религиозного фанатизма. Он не запугивал свою паству адскими муками за *многия* наши человеческие прегрешения. Был и против религиозного насилия. Говорил в стихах:

> За горло взявши, в рай тащить нельзя,
> Уж это пробовали многократно.
> В концлагерь только так ведет стезя,
> Не возвращающая нас обратно…

Но все-таки в поэзии своим «основным» героем Странник называет небо:

> Но главный мой герой – не человек.
> Я человека чту, люблю, но все же,
> Так мало человек поправить может,
> Хотя испортить может целый век.
>
> Над человеком есть и небо тоже,
> Над человеком есть и звездный бег,
> И небо есть над звездами иное…
> Считаю небо основным героем…

Человек, действительно, может испортить «целый век». Для подтверждения этих слов не нужно рыться в древних, пыльных архивах: в памяти сразу же возникают две одиозные фигуры – Гитлер и Сталин.

Так же была у Странника глубокая любовь к России – восторженная, ностальгическая и сопереживающая. Вот плач над немой, подцензурной *его* Россией:

> Над русским словом все еще стоит гроза,
> Она идет еще и над Россией.
> Мне трудно ямбу посмотреть в глаза
> Страдальческие, русские такие.
> Без слов дрожит любви моей слеза,
> Поля и города лежат немые…

Или:

> Мы не ждем никого, не ищем.
> Но вдали, где светел восток,
> Над одной далекой крышей
> Покосился живой дымок.

И для нас это утро сада,
Вдалеке чуть заметный дым...
Ничего иного не надо,
Пусть достанется все другим.

«Дым отечества» для этого поэта был, действительно, «сладок и приятен». И мысли поэта в стихах должны быть выражены простыми, четкими человеческими словами. Он повторял это часто и убежденно. Вот одно из многих его высказываний на тему простоты и четкости мыслей и слов:

Он все еще стоит, чудесный русский лес,
Его листва зазеленела снова.
Словам простым, как и всему простому,
Теперь мы придаем все больший вес.
И хорошо, что новым стало снова
Простое человеческое слово.

Странник, Архиепископ Иоанн Сан-францисский дожил до 87 лет. В антологии «Вернуться в Россию стихами» (1995) Вадим Крейд пишет: «За 18 лет дней до кончины, очнувшись от забытья, больной объявил о точном дне своей смерти». Точный день – 30 мая.

* * * * *

Вот два кратких письма Надежды Яковлевны Мандельштам, адресованные Владыке Иоанну.

Письмо № 1:

«*Владыко[5] Иоанн! Мне было очень лестно получить от Вас записку. Рада Вам сообщить, что я верующая (православная в 3 поколениях) – дед со стороны отца был кантонистом (читали у Лескова?). Церковница, с детства. По национальности я еврейка. Мандельштам тоже был верующим. Он крестился не из-за университета, как пишут у Вас, а потому, что не мог жить без Хри-*

ста. Горько это разделение – никогда не получу от Вас благословения.

Ваша Надежда Мандельштам
12 мая 1979 года

Письмо № 2:

«*Владыко Иоанн! Мне лестно Ваше внимание. Я его, конечно, отношу к тому, что я вдова Мандельштама. Вы меня зовете за океан, а я еле выползаю на кухню своей квартиры. Мне очень больно, что мы не увидимся, но сколько людей я уже не увидела. Чудо, что я дожила до 90 лет и еще в своем уме. Спасибо за деньги. Вера мне купила в валютном магазине продуктов.*

Я смертно устала от этой жизни, но верю в будущую. Там я надеюсь выцарапать глаза О. М. за то, чему он меня обрек. Книги Вера мне дала.

Н. М.

Под письмом Надежды Яковлевны приписка Архиепископа Иоанна:

«Примечание: Если первое письмо датировано точно: 12 мая 1979 г., то это второе надо датировать прибл. Годом позже.

К сожалению, со второго письма Надежды Мандельштам почти невозможно сделать копию: бледные буквы еле различимы.

Филадельфия, декабрь, 2015

Фотокопия первого письма
Надежды Мандельштам

Дмитрий БОБЫШЕВ
Урбана-Шампэйн, США

АННА БОЖЕСТВЕННАЯ

Истинно большую поэзию отличает поразительное свойство: каков бы ни был повод для стихотворения, пусть даже такой ничтожный, как, например, «таинственная плесень на стене», — всё равно самые простые, но гармонически расставленные слова и строки вызывают у читателя подъём, приподнятость сознания, а порой и очищающие слёзы. Эти чувства опираются на естественное стремление души к возвышенной правде, к истинному.... Более того, как раз из глубины отрицательного опыта униженная душа может ещё горячей, ещё пламенней взывать к путеводному свету.

Почему-то я так и не решился на прямой разговор о религии во время наших встреч с Анной Андреевной Ахматовой в те 60-е, увы, последние годы её жизни. Может быть, я ещё не был внутренне готов. А возможно, обсуждение этой темы не показалось уместным: на памяти слишком свежа была угроза из доклада Жданова, его осуждающий вывод: «Что поучительного могут дать произведения Ахматовой нашей молодёжи? Ничего, кроме вреда.» Она в те дни извлекала из засекреченных черновиков, равно как и из тайников памяти, свой «Реквием» – плач по исковерканным судьбам сына, мужа и многих, многих соотечественников, жертв бесчеловечного режима. Чтобы обнародовать (да ещё заграницей) этот цикл коротких стихотворений, сливающихся в поэму скорби, нужна была незаурядная гражданская смелость. Следует напомнить, что «Постановление ЦК ВКП(б) от 14 августа 1946 года», клеймящее Ахматову, не было отменено и всё ещё висело угрожающей тучей над ней самой, над её читателями, да и над всей литературой, включая редакторов, издателей, прочих чиновников и партийных цензоров, запретивших (после неудачного для них эксперимента с Солженицыным) тему лагерей и репрессий. К тому же, кроме политического обвинения режиму, ахматовский «Реквием» был и моральным противостоянием ему, и открытым утверждением ценностей Христианства, запрещённых в то время законом «о религиозной пропаганде». Вспомним, как образ матери в поэме сливается с образом Богородицы, предстоящей Распятию:

Магдалина билась и рыдала,
Ученик любимый каменел,

А туда, где молча Мать стояла
Так никто взглянуть и не посмел.

Сила морального укора настолько велика, что заставляет виновато опускать взгляды у современников перед материнским горем. В то же время это – новый художественный приём: ведь ранняя Ахматова считалась мастером психологической детали, здесь же отсутствие её воздействует на читателя сильней, чем самое подробное описание.

Но «таинственный песенный дар» Ахматовой мог действовать и помимо художественных приёмов, обращаясь прямо к сердцу. Я в своё время был поражён пасхальной силой её четверостишия, написанного сразу же вслед за пресловутым «Постановлением»:

Я всем прощение дарую
И в Воскресение Христа
Меня предавших в лоб целую,
А не предавшего – в уста.

Здесь нет уже ни метафор, ни прочих ухищрений искусства, есть только «поющая истина», которая, по выражению одного из её учеников, и является поэзией. А как она сама определяла поэзию? В стихотворении, посвящённом Владимиру Нарбуту, её сотоварищу по акмеистическому «Цеху поэтов», она пишет:

Это – выжимки бессонниц,
Это – свеч кривых нагар,
Это – сотен белых звонниц
Первый утренний удар...
Это – теплый подоконник
Под черниговской луной,
Это – пчелы, это – донник,
Это – пыль, и мрак, и зной.

Стало быть, поэзия определялась ею как внезапный зов свыше, как пробуждение от дурных и мучительных мыслей к простоте и величию Божьего мира. Именно об этом говорил в своём прощальном слове религиозный мыслитель о. Александр Шмеман (слово на собрании памяти Анны Ахматовой в Свято-Серафимовском фонде в Нью-Йорке 13 марта 1966 г.):

«Ни пафоса, ни громких слов, ни торжественных славословий, ни метафизических мучений. Эта вера светит изнутри, не столько указывает, сколько погружает всё в какой-то таинственный смысл. Так, никто, кроме Ахматовой, "не заметил", что Блока хоронили в день Смоленской иконы Божьей Матери. И Ахматова не объяснила нам, почему это важно. Но в этом удивительном стихотворении о погребении Блока словно любящая, прохладная материнская рука коснулась сгоревшего в отчаянии и страдании поэта. И, ничего не объясняя и не разъясняя в его страшной судьбе, утешила, примирила, умиротворила и все поставила на место, все приняла и все простила:

А Смоленская нынче именинница.
Синий ладан над травою стелется,
И струится пенье панихидное,
Не печальное нынче, а светлое.
И приводят румяные вдовушки
На кладбище мальчиков и девочек
Поглядеть на могилы отцовские.
А кладбище — роща соловьиная,
От сияния солнечного замерло.
Принесли мы Смоленской заступнице,
Принесли Пресвятой Богородице
На руках во гробе серебряном
Наше солнце, в муке погасшее, –
Александра, лебедя чистого».

Слова о. Александра, донёсшиеся по одному из свободных радио-голосов, вдруг высветили то, что билось, не находя ясного выражения, в моей голове: духовную сущность всей – ранней и поздней – поэзии Ахматовой.

Почти каждая встреча в последние годы её жизни мне вспоминается как содержательная беседа о литературе, о поэзии, о прошлом и настоящем. О пустяках говорить с ней как-то не подобало, зато её литературные суждения бывали необычайно вескими и острыми. И обязательно звучали стихи. К тому времени Ахматова разработала свой особый поздний стиль, отличный от прежнего, – я бы назвал его «прекрасной сложностью», в отличие от «прекрасной ясности» акмеизма. Так была написана, без преувеличения сказать, грандиозная «Поэма без героя»; в подобном же стиле, буквально на глазах, создавался сравнительно короткий цикл «Полночных стихов». Эти стихи прочитывались как любовный и драматический по смыслу диалог, происходивший сразу в нескольких временных слоях с неким прототипом, который тоже как бы расслаивался. Получался неожиданный эффект: некоторые строчки казались адресованными прямо к слушателю, а другие уводили к иным адресатам. Поэтому смысл стихов ритмически пульсировал от более ясного к более таинственному.

Многие образы цикла говорили о перенесённом опыте страдания, как например, такие строки:

... И глаз, что скрывает на дне
Тот ржавый колючий веночек
В тревожной своей тишине.

Под этим «веночком», конечно, подразумевался «терновый венец» — евангельский символ страстей Христовых, это я понимал, но почему и как он связан с человеческим глазом? Размышляя над этим дома, я к своему удивлению осознал, что не могу припомнить, какого цвета глаза, в которые я глядел, слушая это стихотворение.

И вот в одну из следующих встреч с Анной Андреевной я постарался ненавязливо, но пристально вглядеться в её глаза, – специально, чтобы запомнить их навсегда. И запомнил, что глаза у неё серые с зеленоватым оттенком и с более тёмной окантовкой по краю радужной оболочки. А зрачок окружали карие вкрапленья, то соединённые между собой, то чуть разрознённые, но определённо складывающиеся в тот самый «ржавый колючий веночек»!

Мою догадку подтвердили слова отца Александра, которые с трудом различались по радио сквозь рёв глушилок: «По православному ученью пасхальная победа начинается на самой глубине, в последней темноте Великой пятницы. Поэзия Ахматовой – это свет, светящийся во тьме, и которого тьме не объять».

Эти слова открыли, наконец, мои глаза, застланные чужими критическими и порой недобросовестными или плоскими мнениями о великой поэтессе. Мне увиделась чистота лирического горения в её стихах, даже, казалось бы, написанных о самых земных чувствах и отношениях:

Под крышей промёрзшей пустого жилья
Я мертвенных дней не считаю,
Читаю посланья Апостолов я,
Слова Псалмопевца читаю.
Но звёзды синеют, но иней пушист,
И каждая встреча чудесней, —
А в Библии красный кленовый лист
Заложен на Песни Песней.

Эта песнь – радостная, счастливая в своей свежей силе, но написана она в сдержанных, целомудренных тонах. Так, Библия, — скорей, чем акмеистические манифесты, — задаёт стиль ранней Ахматовой, воздействует на её поэтику. Но наступают тяжёлые времена для всей страны, и Книга книг, оказывается, заложена на мрачных пророчествах пророка Исайи. В порыве последней жертвенности поэтесса истово взывает, как о милости:

> Дай мне горькие годы недуга,
> Задыханья, бессонницу, жар,
> Отыми и ребенка, и друга,
> И таинственный песенный дар —
> Так молюсь за твоей литургией
> После стольких томительных дней,
> Чтобы туча над темной Россией
> Стала облаком в славе лучей.

Увы, пришли ещё горшие дни. Накликала ли она сама свои беды, как подумали одни? Или напророчила то, что ей открылось в молитве, как посчитали другие? Трудно сказать. Это есть тайна, и не нам о том рассуждать. Песенного дара поэтесса не лишилась, но голос её не стал слышен из-за запретов печати. И у неё, действительно, были отняты и единственный сын, и друг…. «На губах твоих холод иконки», — только и успела она благословить арестованного.

Ранее она отвергла искушение эмиграцией, когда ещё можно было уехать. Была ли это ошибка? «Один из моих двойников», — её прелестная и легкомысленная подруга оказалась в Париже. Значит, и она могла быть ею:

> Меня бы не узнали вы
> На пригородном полустанке
> В той молодящейся, увы,
> И деловитой парижанке.

Так же живо она представляла себе другого двойника или другую себя, которая с той же вероятностью оказалась бы в противоположной от Парижа стороне света, в Сибири:

> Я глохну от зычных проклятий,
> Я ватник сносила дотла.
> Неужто я всех виноватей
> На этой планете была?

Но Ахматова осталась ни здесь и ни там, а в лимбе, посредине этих крайностей, в Ленинграде, где пришлось на её долю предостаточно горестей, страхов, невзгод, болезней и поношений, но и преданных дружб, помощи, тайного преклонения и утешения, выраженного её же словами:

Нет, и не под чуждым небосводом,
И не под защитой чуждых крыл, —
Я была всегда с моим народом
Там, где мой народ, к несчастью, был.

Утешение одновременно и горькое, и горделивое. Такую двойственность почувствовал Георгий Адамович, эмигрант и тонкий литературный критик. Он увидел здесь укор эмиграции и был, конечно, этим задет. Но всё дело в том, какое из двух ключевых понятий тут перевешивает: горделивое «мой народ» или горькое "к несчастью", – вот в чём состоит неоднозначность этих слов. А "чуждые крылья", если вспомнить французских лётчиков эскадрильи «Нормандия – Неман» и американскую военную технику, посланную вместе с гуманитарными грузами нам в помощь, всё-таки крепко защищали в войне всех нас, тогда живущих.

Но, несмотря на различные толкования, надо признать, что Ахматова, некогда, по словам критиков, «русская Сапфо» и, по её собственным словам, «царскосельская весёлая грешница» полностью разделила судьбу своего народа. При этом она не снизила моральных требований к себе и другим, а наоборот, возвысила эти императивы до необычайной обличительной силы:

О Боже, за себя я все могу простить,
Но лучше б ястребом ягненка мне когтить
Или змеей уснувших жалить в поле,
Чем человеком быть и видеть поневоле,
Что люди делают, и сквозь тлетворный срам
Не сметь поднять глаза к высоким небесам.

Персональная вина и ответственность всего поколения, историческое возмездие, суд неправедный и Высший Суд, – на этих темах разворачивается её грандиозный поэтический труд последних лет — «Поэма без героя».

Добавлю здесь личное воспоминание. В один из моих приездов в Комарово, где в летние месяцы жила Ахматова, она спросила, читал ли я целиком её «Поэму». Оказалось, что нет. Тогда она предложила мне сейчас же послушать её. И – обрушила на меня целую гору поэтических великолепий: ритмических, образных, цветовых, фонетических и сюжетных! Невинные святочные гадания по-жуковскому вызвали хоровод призрачных фигур – поэтов, паяцев и балерин ушедших лет, вывели на авансцену трогательную историю влюблённого корнета, так трагически и театрально покончившего с собой, после чего занавес невероятно раздвинулся, и опера, она же – реальная жизненная катастрофа развернулась на целую страну и на все столетие, пока не стало «видно далеко во все стороны света» и автор, оставшись на голой земле, судит последним судом себя и эпоху.

Я был смятён от преизбытка образов и впечатлений, и на её вопрос о моём мнении смог ответить лишь: «Это – как Страшный Суд». Я тогда не был (и не думал, что смогу побывать) в Сикстинской капелле, но уже видел фрески Дионисия в Ферапонтове и другие подобные изображения. «Поэма без героя», действительно, представилась мне как словесная фреска на стене воображаемого поэтического храма. Потому я решился впоследствии в своих «Траурных октавах», состоящих из восьми восьмистиший памяти Ахматовой, на следующее сравнение:

Когда гортань – алтарной частью храма,
тогда слова святым дарам сродни.
И даже самое простое: «Ханна!
Здесь молодые люди к нам, взгляни...»
встает магически, поет благоуханно.
Все стихло разом в мартовские дни.
Теперь стихам звучать бы невозбранно,
но без нее немотствуют они.

Январь 2016 г.
Урбана-Шампэйн, Иллинойс

74

Петр Потемкин. Рисунок В. Маяковского (прибл. 1915 г.)
(из архива Олега Дмитриева)

Олег ДМИТРИЕВ
Санкт-Петербург, Россия

ПЁТР ПОТЁМКИН

Русский человек, где бы он ни жил – в России ли, в эмиграции, всегда верен своим пословицам, каждая из которых является одним из определений национального характера. «Что имеем – не храним, а, потерявши, – плачем» – универсальная формула русской беспечности и расточительности. Убедиться в её справедливости в очередной раз можно было в ноябре 1926 г., когда весь русский Париж собрался, чтобы проводить в последний путь некогда общего любимца – Петра Петровича Потёмкина. И потекли ручьём в эмигрантской прессе слёзы, зашелестели славословия и, как полагается, были явлены многочисленные посыпания голов пеплом. И сравнивать стали его и с Беранже, и с Гофманом, и с Андерсеном.

> Муза в ситцевом платье была вне парнасских канонов,
> Не звезда ль Беранже излучала повторно свой свет?
> Но не понял никто из журнальных маститых Катонов,
> Что беспечно прошёл мимо них настоящий поэт.
>
> *Саша Чёрный*
> *(Соловьиное сердце. [Памяти Петра Потёмкина])*

Разделённое на части русское творческое сообщество неустанно оплакивало и оплакивало одного за другим своих недавних кумиров: 1919 год – Леонид Андреев, 1921 год – Николай Гумилёв и Александр Блок, 1922 год – Влас Дорошевич и Велимир Хлебников, 1924 год – Поликсена Соловьёва и Леон Бакст (можно добавить и Валерия Брюсова, которого оплакивали в меньшей степени), 1925 год – Аркадий Аверченко и Сергей Есенин, 1926 год – Аким Волынский и Пётр Потёмкин...

«Милый Петя Потёмкин.... Наверное, все мы хоть и немножко, а уж чем-то пред тобой виноваты. Ведь все мы тут друг к дружке невольно небрежны, и неласковы, и торопливы.

– Здравствуйте, до свидания, сердце болит?.. пустяки, не надо прислушиваться, всего хорошего, боюсь своё метро пропустить!

И махнули рукой... и больше не встретились». (*Дон Аминадо*)

«В лице Потёмкина ушёл из поредевшего уже сонма стихотворцев начала ХХ века остроумный и весёлый поэт, щедро одарённый способностью свободного плавного стиха, никому, насколько мне известно, не подражавший, обладавший и собственным языком, и оригинальным темами». (*Александр Кондратьев*)

Что удивительно, неожиданно вспомнили и сходу забыли, и исчез человек, как будто и не было, согласно другой русской пословице: «С глаз долой – из сердца вон!». Спустя десятилетия потихоньку начал возвращаться необыкновенно талантливый и разносторонний поэт, прозаик, журналист, шахматист[6] и артист Пётр Потёмкин, и данная публикация, надеюсь, этому будет способствовать.

Потёмкин – это гибрид пушкинского Моцарта и гончаровского Обломова. За что бы он ни брался – всё делал легко, без видимых напряжения и усилий, но, увы, не придавал своему дару развития для достижения совершенства.

«В жизни Потёмкин был очень уступчив, казался бестемпераментным, беспредметно мечтательным, без желания борьбы, без умения побеждать и достигать, без охоты рассчитывать и распоряжаться» (*Пётр Пильский*).

«Этот поэт, до конца дней остававшийся чуть-чуть дилетантом, был зато душой новой петербургской атмосферы, её живым очарованием.... В отличии от [Ахматовой, Гумилёва, Мандельштама] Потёмкин не стал, вернее не захотел стать мастером» (*Николай Оцуп*).

Возможно, ему не хватило времени, за сорок-то лет можно лишь наделать глупостей по молодости, да набраться ума – а вот воспользоваться этим самым умом ему, увы, возможности не было предоставлено, тем более вмешались катаклизмы:

Блажен, кто посетил сей мир
В его минуты роковые!
Его призвали всеблагие
Как собеседника на пир.
Он их высоких зрелищ зритель,
Он в их совет допущен был –

И заживо, как небожитель,

---

[6] Шахматистом П. П. Потёмкин был отменным, в его активе: победные партии с Хосе Раулем Капабланкой и Александром Алехиным, участие под старым российским флагом в международных турнирах в годы эмиграции; в 1925 году в Париже он организовал «Русский шахматный кружок», который после смерти Потёмкина получил его имя и просуществовал до 50-х годов. Потёмкин является автором девиза ФИДЕ «Gens una sumus» («Мы – одно племя»).

Из чаши их бессмертье пил!

Тютчев

Родился он в богатой на таланты Орловщине, подарившей отечественной культуре Ивана Тургенева, Афанасия Фета, Николая Лескова и Леонида Андреева, в 1886 году. (Его ровесники – Николай Гумилёв, Алексей Кручёных, Михаил Лозинский, Сергей Ауслендер, Владимир Пяст, Михаил Зенкевич, Марк Алданов, Пимен Карпов. Со многими из этого списка его сводила Судьба). Отец его Пётр Денисьевич Потёмкин будучи женат, сошёлся с помещицей Ивановой, которая родила ему трёх сыновей (Пётр Петрович Потёмкин – их младший сын). Позже он признал их своими, дав им свою фамилию и дворянство.

Подробнее об отце: он, будучи выпускником Санкт-Петербургской академии художеств, видимо, из чисто практических побуждений пошёл на государственную службу по железнодорожной части, но тягу к прекрасному – литературе, живописи, театру, а также к шахматам – при этом не утратил, передав её своим детям. В его доме в Орле нередко ставились любительские спектакли (благотворительные, как правило), в которых в качестве актёров принимали участие горожане, к примеру – в будущем гражданская жена И.А. Бунина – Варвара Пащенко и её мать.

В 1896 году семейство Потёмкиных перебралось в Ригу, где Пётр Потёмкин-младший овладел в совершенстве немецким языком, что ему очень пригодилось в будущем, а затем семья перебралась в Томск, где он завершил обучение в гимназии, после чего в 1904 году переехал в Санкт-Петербург, поступив в университет на естественное отделение.

В Петербурге он, играя в шахматы, познакомился со студентом-математиком Владимиром Пестовским (поэтом Владимиром Пястом), который исполнил в его жизни судьбоносную роль, заразив его вирусом литературной деятельности. Вот фрагмент из воспоминаний Пяста «Встречи»:

«Я ещё с самого начала прошлого 1904 года познакомился в университете с таким же первокурсником, как я, студентом-шахматистом П. П. Потёмкиным. Он тогда был на естественном отделении. Окончив университет, он собирался пройти медицину и сделаться психиатром, – и всё только для одной цели. Его тогдашним желанием было научно доказать, что между творчеством поэтов-декадентов и поэтов-сумасшедших нет никакой принципиальной разницы. Судьба совершенно иначе повернула жизнь покойного шахматиста. А именно: через небольшой срок он сам сделался поэтом, причём довольно типичным "декадентом"; медицинского факультета он не кончал, да и с естественного перешёл на филологический...

У меня по субботам, когда те лекции, которые я считал своей обязанностью слушать, кончались в университете в 12 часов дня – после этого собирались мои знакомые, молодые шахматисты, и начинался очередной "турнир". Шахматисты, правда, народ не особенно-то охочий до других житейских тем, но нужно сказать, что я лично в данные годы составлял некоторое исключение. Как раз жизнь вообще, и искусство в частности, начинали во мне борьбу с гимназическим "шахматизмом". Я много писал лирических стихов; на столе у меня лежали книги Бальмонта, Брюсова и других, которые, отрываясь от партии во время хода противника (и этой невнимательностью досаждая ему немало), П. П. Потёмкин и перелистывал.

Клянусь, я ни малейшим образом не собирался сделать "поэтом" своего тогдашнего приятеля! Хотя свою книгу "Герань" в посвятительной надписи на подаренном экземпляре автор дарил мне как "Первому" его "по пути писательства вожатому". Отнюдь не я, но сами Бальмонт, Брюсов, Вячеслав Иванов, – а более всех Андрей Белый и Александр Блок, с подражания чьей "дегенеративности" он и начал в своих серьёзных стихах, – стало силою своего громадного таланта почитывавшего их стихи в промежутках между "ходами" шахматиста – поэтом"».

Пяст, в свою очередь, волею Судьбы оказавшийся соседом по дому Зинаиды Гиппиус и Дмитрия Мережковского и вовлечённый благодаря знакомству с ними в их круг, познакомил Потёмкина с Фёдором Сологубом, Вячеславом Ивановым и Александром Блоком. Последний курировал университетское студенческое литобъединение «Кружок молодых», участниками которого были, помимо Пяста, Леонид Семёнов, братья Сергей и Александр Городецкие, Александр Кондратьев, Вильгельм Зоргенфрей, братья Владимир и Александр Юнгеры. К ним также присоединился и Пётр Потёмкин. Об этом кружке Потёмкин писал в статье «Кое-что о Блоке»:

«Покровительство Блока выражалось в том, что он аккуратно приходил на все собрания и внимательно всех нас и произведения наши выслушивал. Слушал он много, но говорил мало, почти односложно: "Да. Хорошо. Нет. Плохо".

Но одного требовал академически-неотступно: точности эпитета.

И, несмотря на малословие его, и, несмотря на то, что практических указаний он почти не делал (тогда ещё не было увлечения поэтикой как ремеслом), мы все стали много лучше писать. Блок действовал примером – он читал нам свои стихи».

Но самого Блока творчество Потёмкина не впечатляло. Блок с юмором и иронией дружбы не водил, в чём именно был силён Потёмкин, поэзию Потёмкина Блок называл «нестроевой ротой», в частности, за его нежелание следовать академическим лекалам. Вот подтверждающий это фрагмент из тех же воспоминаний Пяста:

«... Блок высказывал... опасение:

– Насчёт Потёмкина сомнительно. Вдруг он станет актёром...

Я помню спросил: – И что же?

– Будет нехорошо для нашего кружка (выйдет, что он плодит актёров, т.е. пошляков).

Последней фразы, написанной в скобках, Блок не произносил. Я, однако, привожу её из собственного воображения».

Другой его университетский однокашник, знакомый ещё по Томску, Евгений Тимофеев[7] [скорее всего, он и является прототипом Антона в поэме «Павел и Зоя»], ставший в будущем одним из лидеров партии социалистов-революционеров, активно пытался привлечь Потёмкина к революционной деятельности, возможно, благодаря этому состоялся литературный дебют (под псевдонимом *Пикуб*) в одном из оппозиционных журналов «Сигнал», главным редактором которого был Корней Чуковский в 1905 году. Это был незамысловатый сатирический коктейль «Разговор Хилкова[8] с Грибоедовым», состоявший из строк Грибоедова из комедии «Горе от ума» и самого Потёмкина. После ареста К.И. Чуковского и закрытия журнала, Потёмкин продолжил публиковать злободневные стихотворные и прозаические поделки в многочисленных, появлявшихся, как грибы после дождя, сатирических журналах (опять же под псевдонимом *Андрей Леонидов* – отразился в псевдониме авторитет тогдашнего властителя дум и земляка Леонида Андреева) «Рапира», «Маски», «Комета», «Ночь», «Ёж», «Водолаз» и пр. Об этом периоде цитата из воспоминаний поэта и прозаика Александра Кондратьева:

«Вначале Пётр Петрович печатал свои произведения под псевдонимом "Пикуб" (его инициалы – П. П. П.). Нуждаясь в заработке и подчиняясь закону спроса, он писал, конечно, и злободневные стихотворения. Но П. П. признавался мне, что ему самому не нравятся последнего рода произведения, и он пишет их единственно по недостатку в

---

[7] Тимофеев Евгений Михайлович (1885-1941) – один из наиболее авторитетных социалистов-революционеров. За участие в революции 1905 г. был приговорён к бессрочной каторге. Расстрелян НКВД вместе с Марией Спиридоновой и ещё 150-ю политзэками Орловской тюрьмы в первые дни ВОВ.

[8] Хилков Михаил Иванович (1834-1909) – князь, с 18905 по 1905 гг. – министр путей сообщения Российской империи, по сути – начальник отца П. П. Потёмкина. С началом революции 1905 года на железных дорогах начались забастовки, не сумев справиться с ними, Хилков вышел в отставку.

деньгах. Не знаю, подлинно ли испытывал Потёмкин нужду, или молодого человека соблазняли большие гонорары, предлагавшиеся предприимчивыми издателями красных журналов. Гонорары эти давали возможность лицам. Легко и остроумно пишущим, хорошо одеваться, бывать в театрах, ресторанах и пользоваться прочими радостями жизни, чувствуя себя в то же время на положении прогрессивных общественных деятелей. Благодаря наличности юмора, стихослагательским способностям и хорошему (сравнительно с соперниками) знанию русского языка, Потёмкин сделался скоро одним из наиболее ценимых сатирических поэтов того времени».

Деньги, как им и положено, так же как их отсутствие[9], испортили начинающего поэта, он приобщился жить на широкую ногу, к развлечениям и кутежам, совсем забросил занятия. (После либеральных времён последовала реакция, кормушки были закрыты).

В 1905 году Николай Гумилев вместе с Алексеем Толстым при участии Петра Потемкина организовал издание ежемесячника «Остров». В скором времени вышел 1-й номер журнала со стихами М. Л. Волошина, Вяч. Иванова, М. А. Кузмина, П. П. Потемкина, Ал. Н. Толстого и Н. С. Гумилева. Однако второй номер «Острова» так и не был выкуплен из типографии. Подписчикам деньги были возвращены.

В 1907 г. в журнале символистов «Золотое руно» было опубликовано получившее приз в журнальном конкурсе стихотворение Потемкина «Дьявол» А уже в следующем 1908 году вышла его первая книга стихов «Смешная любовь». За этим последовали признание и известность. Критики отнеслись к потёмкинской книге неоднозначно. Вот, к примеру, фрагменты рецензии Валерия Брюсова:

«Есть много причин опасаться, что к числу однодневок принадлежит г. Потёмкин. Если его первые стихи не вполне заслуживают эпитета "блестящих", то выступление его в литературе совершилось не без блеска. В то время, как Н. Гумилёв год за годом работает над своими стихами, никому не известный и никем не замечаемый, г. Потёмкин сразу сделался маленьким "мэтром", создателем своего стиля и чуть ли не своей школы[10].

---

[9] Вечная нехватка денег при его образе жизни, во время летних вокаций он был вынужден ездить в Смоленскую губернию, где проживали родители, и ради заработка работать контролёром в поездах.

[10] Следует отметить, что Брюсов оказался прозорлив. Потёмкин, как ученик Блока, формально принадлежа к его кругу, предвосхитил некоторые постулаты акмеистов, также футуристы, Маяковский в частности, заимствовали его идеи стихотворной геометрии; в детской поэзии (поэма «Боба Сквозняков» и стихи в журнале «Галчонок») он опередил «Кроко-

У книги г. Потёмкина есть свои заслуги, и прежде всего замечательна её основная тема, её замысел. Г. Потёмкин поставил себе задачей – в смешной форме выразить трагическое, в самом повседневном, пошлом и даже низменном найти поэзию: в парикмахерской кукле, в уличной проститутке, во влюблённом гимназисте, в старой деве, плачущей над умершей моською... Мало того: г. Потёмкин попытался выработать особый язык, особый стиль, особый стих, который мог бы вполне выразить обе стороны его поэзии, её внешний комизм и её внутренний трагизм, – стих, почти лубочный и в то же время утончённый, язык грубый и изысканный одновременно...

Такова была задача, поставленная себе (сознательно или бессознательно, это всё равно) г. Потёмкиным.... Но осуществить, разрешить её – ему оказалось далеко не под силу. Чаще всего стихам Потёмкина недостаёт того самого, ради чего только и имеют право на существование все стихи в мире: поэзии. Читая чуть ли не большинство строчек г. Потёмкина, хочется повторить вопрос Пушкина: «Что если это проза, да и дурная?» Потом комическая сторона поэзии г. Потёмкина слишком часто сводится к игре в хитрые рифмы, и иные его стихотворения не более как «буриме» на заданные созвучия.... Наконец, далеко не всегда г. Потёмкин умеет различать черту, за которой *комическое* переходит в *отвратительное*, и грубость теряет своё оправдание. Иные его стихотворения не более как мальчишеские выходки, вызванные желанием поскандальничать в литературе».

А вот Иннокентий Анненский о Петре Потёмкине в статье «О современном лиризме»:

«Пётр Потёмкин поэт нового Петербурга. "Смешная любовь" – преинтересная книга. Сентиментален, почти слезлив, иногда несуразен. Во всяком случае, искренний – не знаю как человек, но искатель искренний. Страшно мне как-то за Петра Потемкина».

Вышеупомянутый Николай Гумилёв в статье «Поэзия в "Весах"»:

«Нельзя сказать, что в стихотворном отделе «Весов» не было серьезных упущений; таково, например, замалчивание И. Ф. Анненского (за все время о нём было, кажется, всего три заметки и ни одного его стихотворения); непривлечение к сотрудничеству П. Потемкина, одного из самых своеобразных молодых поэтов современности...».

Звезда Петра Потёмкина начала стремительное восхождение. Он желанная персона в различных литературных салонах, завсегдатай ресторана «Вена», участник нескольких альманахов, в которых были

дила» Корнея Чуковского, его проза – «Записки фланёра» – предтеча стилистики Михаила Зощенко. Прямым последователем Потёмкина можно считать Н. Агнивцева.

опубликованы его крупные вещи – поэма «Ева» и повесть в стихах «Павел и Зоя», один из основателей журнала «Аполлон», где он вёл отдел юмористического обозрения культурных событий «Пчёлы и осы».

В 1910 году его отчисляют из университета за невнесение платы за обучение. Видимо, это повлекло прекращение родительской финансовой поддержки. Волей-неволей он был вынужден искать постоянный литературный заработок. «Как рыба в воде ощущал он себя и в атмосфере накуренных редакционных комнат недолговечных газет и журналов того горячего времени, в ожесточённых спорах скорее гонорарного, чем идейного характера» (*Александр Кондратьев*).

Предложение Аркадия Аверченко занять место секретаря редакции журнала «Сатирикон»[11] с жалованием 50 рублей в месяц было как нельзя кстати. Помимо этого – гонорары за публикации практически в каждом номере.

Очень пригодилось его знание немецкого – публикуются его переводы Франка Ведекинда, Иоганнеса фон Гюнтера, Густава Майринка, Рудольфа Шрёдера и др. Отдельной книгой вышел его перевод романа Адельберта фон Шамиссо «Чудесная история Петера Шлемиля». Вершиной его деятельности на этой стезе стала постановка переведённой им пьесы Эрнста Хардта «Шут Тантрис» в императорском Александринском театре (режиссёр Всеволод Мейерхольд) в 1910 г. Вот фрагмент рецензии Сергей Ауслендера на этот спектакль:

«Уже афиша, на которой значилось: перевод П. П. Потёмкина, декорации князя А. К. Шервашидзе, музыка М. А. Кузмина, режиссер В. Э. Мейерхольд, предвещала нечто для Александринского театра необычайное. Было даже несколько страшно: ведь это уже не маленькая зала на Офицерской, с той интимной атмосферой лаборатории, в которой три года тому назад дерзкие опыты, даже оставаясь лишь опытами, принимались с удовлетворением, как обещания будущих достижений. Сюда же, в эту торжественную, привычную с детства залу Императорского театра можно было прийти только совсем готовыми, совсем уверенными, не для исканий результатов, которые ещё не проверены, а для окончательной победы, или окончательного поражения. И, не-

<hr>

[11] Фрагмент заметки о журнале времён секретарства Потёмкина: «"Сатирикон", несмотря на большой успех, ещё несколько чужд русскому обществу своим совершенно особым стилем, в котором соединяется, с одной стороны, изысканность рисунков Яковлева, Ре-Ми и более случайных сотрудников, как Бакст, Бенуа, Добужинский, и с другой – задорный смех, остроумные выдумки, которые привыкшим к строгости и серьёзности, интеллигентным читателям кажутся нелепыми, а трактирным почитателям "Осколков" и "Будильника" – слишком тонкими» (*Сергей Ауслендер*).

сомненно, постановка "Шута Тантриса" является победой, победой тем более славной, что она куплена не ценою уступок, а действительным, неоспоримым доказательством ценности новых театральных приёмов, которые впервые были не только провозглашены, но и выявлены в полной мере, несмотря на всю трудность преодоления стольких препятствий: как предубеждённая "большая" публика, как привыкшие совсем к другому актёры, как весь этот громоздкий, не приспособленный к быстрым переменам аппарат казенного театра».

Театр захватил Потёмкина надолго – до конца его дней. Вот цитата из Саши Чёрного:

«В первой книге порой звучала та театральная манерность, капризная и грациозная, которая потом привела поэта к одному из излюбленных – к театральной миниатюре».

Миниатюры, в основе которых были его стихотворения-сценки, пришлись ко двору труппе московского театра «Летучая мышь» Никиты Балиева. А следом и петербургские – «Дом интермедий» Всеволода Мейерхольда (здесь впервые была поставлена знаменитая, неоднократно упоминаемая в текстах современников о Потёмкине негритянская трагедия «Блэк энд уайт»), «Кривое зеркало» Александра Кугеля, «Интимный театр» Бориса Неволина, но вершиной его деятельности, где максимально ярко проявился потёмкинский гений, стала «Бродячая собака». Вот цитата из воспоминаний В. И. Талина (Семёна Осиповича Португейса):

«Потёмкина можно было часто видеть в фойе маленьких театров. Ставились его вещички, имевшие всегда заслуженный успех. Потёмкин выходил на вызовы, неуклюже раскланивался…, но никогда Потёмкин не имел вида именинника, никогда Потёмкин не зазнавался, никогда не заражался суетностью театрального мира… Ему было немного скучновато от всего этого…. Знал, что занимается поэтическими пустяками, что талант его всё уходит глубже в него и нет ему выхода».

Вот фрагмент воспоминаний Н. А. Оцупа:

«Деловая душа «Бродячей собаки» воплощалась в Борисе Пронине, артистическая – в Потёмкине. Автор коротких и остроумных скетчей, написанных специально для подмостков «Бродячей собаки», он сам их ставил, нередко играя в них главную роль. Он очень искусно танцевал, умел поддерживать веселье, отлично умел вызывать на «поединок остроумия» любого из посетителей «Собаки» и подавал реплики меткие, весёлые, всегда корректные».

В дальнейшем театр стал источником его дополнительного заработка – в большом количестве – самостоятельно или в соавторстве с Евгением Спero (наст. Мокроусов) – он переводил либретто немецких и австрийских водевилей, оперетт и комических опер, которые ставились на летних и открытых театральных площадках, вплоть до войны, когда эти спектакли запретили. Кроме того он в течение нескольких лет выступал как балетный и театральный критик.

В 1912 году в издательстве хозяина «Сатирикона» М. Г. Корнфельда вышла вторая книга стихотворений П. П. Потёмкина «Герань». Книга «Герань» посвящена его первой жене Евгении Хованской, актрисы театров Вс. Мейерхольда, Н. Евреинова. Саша Чёрный о «Герани»:

«"Герань" – вторая лирическая ступень, столь далёкая от "Смешной любви", словно её другая рука писала. Автор шире раскрыл глаза и увидел другой Петербург: живой, тёплый, русский. Гримаса боли и разочарованности исчезла, "я" стушевалось. Вокруг и рядом, в заурядной столичной повседневности, на панели и в петербургских скверах, во дворах, на каналах и на верхушке конки поэт подсмотрел красочную и краснощёкую народную жизнь и весело и любовно заполнил ею круг "Герани"...

Лукавая весёлость музы Потёмкина, необычное соединение двух начал – лирического и буднично-забавного, создали редкий по своеобразию цикл рисунков-стихотворений, темы которых навеяны населением петербургских нижних этажей».

Несмотря на расположение М.Г. Корнфельда Потёмкин всё же вместе с ведущими авторами и художниками во главе с А.Т. Аверченко ушёл из «Сатирикона» в 1913 году и стал сотрудником журнала «Новый Сатирикон». Но пока шёл процесс противостояния издателя с редакцией большая группа сатириконцев стала публиковаться в недавно основанной в Петербурге газете московского издателя Ивана Сытина «День», где проявилась новая грань потёмкинского таланта. Цикл фельетонов и изящных репортажей, озаглавленный автором «Записки фланёра», в какой-то степени стал прозаическим продолжением книги «Герань». В «Дне» Потёмкин проработал вплоть до самой войны. Потёмкин пытался устроиться в действующую армию, но был признан абсолютно негодным для военной службы. Вот описание встречи с ним Игоря Северянина:

ПОТЁМКИН

Его я встретил раза два в гостиной
У Сологуба в грешный год войны,
Когда мы были пьяны и гнойны
Своей опустошенностью гордынной...
Американцем он казался: длинный,
Проборчатый – как янки быть должны, –

В сопровождении своей жены –
Красавицы воистину картинной.
О чем он пел? Кому он отдал рань
Своей души? Простецкая герань
К цветам принадлежит, что ни скажите…
Над пошлостью житейскою труня,
Незлобивость и скромность сохраня,
Посильно он рассказывал о быте…

В 1916 г., перебравшись вслед за женой, перешедшей в балиевскую труппу «Летучая мышь», в Москву, устроился в другую сытинскую газету «Русское слово». В 1917 году в качестве специального корреспондента «Русского слова» Потёмкин был командирован в Тобольск освещать высылку царской семьи. В 1918 году он развёлся с Хованской, закрутившей роман с большевиком. Но достаточно быстро женился, а к 1920 году обзавёлся дочерью. Из Москвы в 1921 году они втроём перебрались в Одессу, где Потёмкин несколько дней провёл в одесской Губчека. Потом с женою и дочкой на лодке тайно переплыли Днестр в ставшую румынской в те времена Бессарабию. Около года они прожили в Кишинёве, где он успел поработать в газете «Наше слово», публиковался также в газете «Бухарестские новости».

В 1922 году он оказался в Праге, жил в Праге вплоть до 1924 года. Был членом правления и казначеем Союза русских писателей, организовал «Устный альманах», в котором выступали члены литературных кружков «Скит поэтов» и «Таверна поэтов», публиковался в варшавской газете «За свободу». Сотрудничал с Аркадием Аверченко и русскими театральными труппами. В 1925 г. в Праге вышла «Антология чешской поэзии» с его переводами, он также перевел поэму «Христос и пахарь» И. Голенчика. В третьей книге стихов Потёмкина – «Отцветшая герань» (Берлин, 1923) – были собраны произведения, написанные накануне революции и созданные в Праге. В 1924 г. в Берлине вышла детская книжка – «Зелёная шляпа. Книжка-картинка для детей». В период с 1922 по 1926 гг. Потемкин печатался также в рижских газетах «Сегодня», «Рижский курьер», берлинских газетах «Руль» и «Дни», пражском журнале «Воля России».

В 1924 г. Потёмкины переехали в Париж, здесь Пётр Петрович стал сотрудничать в газете «Последние новости» и журнале «Жар-птица». Совместно с С. Поляковым-Литовцевым руководил литературным отделом театра «Еврейское зеркало», писал театральные миниатюры для оказавшихся в эмиграции театров «Летучая мышь» и «Бродячая собака», в парижском Доме артиста шли его скетчи «Факир», «Кофе-крем», «Шашлычники». В 1924 г. совместно с Поляковым-Литовцевым написал комедию «Дон-Жуан – супруг Смерти», которая с большим успехом шла в «Театре независимых» в Риме.

Потёмкин устроил в Париже «поминки» по «Бродячей собаке». Николай Оцуп об этом мероприятии:

«Есть люди, не боящиеся перемены времени и места, и есть люди, неразрывно связанные с каким-то определённым моментом истории. Богемный, довоенный Петербург создал и полюбил Потёмкина. Без Петербурга и того воздуха меланхолический беженец-парижанин играл в шахматы, писал стихи, пьесы, газетные статьи, но увядал неудержимо. Это особенно заметно было на поминках "Бродячей собаки". Среди многих случайных гостей были на этом вечере петербургские завсегдатаи "Бродячей собаки". Вспоминая петербургский кабачок, все настраивались на тон элегический:

Где Олечка Судейкина, увы,
Ахматова, Паллада, Саломея?
Все, кто блистал в тринадцатом году, –
Лишь призраки на петербургском льду.

Георгий Иванов

Но, кажется, грусть Потёмкина была на этом вечере не элегической, а горькой, трагической. От былой его весёлости не осталось и следа, он осунулся, вид имел угрюмый.

За бедным эмигрантским ужином Потёмкин прочёл длинный стихотворный экспромт, посвящённый "Бродячей собаке". Не зная лично автора "Герани" и его прошлого, можно было не понять волнения, с каким он говорил о петербургском литературном кабачке. В самом деле, так ли уж ценен был сам по себе этот случайный приют нескольких петербургских поэтов? Конечно, нет.

Но для Потёмкина "Бродячая собака" была и осталась символом его искусства. Свои разнообразные дарования он особенно щедро тратил в тех случайных импровизациях, которые на месте в данную минуту могут быть драгоценными и почти никогда не бывают долговечными».

В 1925 году Потёмкин начал писать роман из жизни шахматистов, поместил в «Последних новостях» восторженную статью о столетнем юбилее московского Большого театра.

Последнее лето своей жизни провел в Венеции, где снимался в кинофильме «Казанова» (реж. Александр Волков). На площади Сен-Марко поставили настоящий венецианский карнавал, который Потемкин описал в очерке «В городе дожей и гондол». В это же время итальянская оперная комиссия заказала ему оперетку. Когда съёмки

«Казановы» были закончены, Потемкин вернулся в Париж, где, наконец, после долгих лет скитаний приобрёл новую квартиру близ Венсенского леса. Здесь 19 октября 1926 г. он заболел гриппом, а через два дня после сильного сердечного приступа скончался. Потёмкина похоронили на кладбище Пантен, позже перевезли тело в постоянный склеп Тургеневского общества на кладбище Пер-Лашез.

Группа литераторов Петербурга. Стоят: Н.Олигер, П.Потемкин, А.Котылев, А.Грин. Сидят: Л.Андрусон, М.Арцыбашев, Н.Башкин, В.Ленский, Я.Годин. Фото из сборника "Альманах 17" (СПб, 1909)

Фото К. Буллы. Наверху – слева Алехин, справа
Петр Потёмкин, между ними Б. Грегори и Е. Боголюбов,
внизу Н. Кутлер, Г. Левенфиш и Я. Таубенгауз. Фрагмент
снимка из журнала «Нива» (№ 7, 1914) членов Комитета
участников Всероссийского турнира по шахматам.

Олимпийский турнир в Париже 1924 г.
Потёмкин в верхнем ряду третий слева в белом костюме.
За шахматной доской сидит его друг Александр Алехин.
(фотографии из архива Олега Дмитриева)

Петр Потемкин (прибл. 1908-1909 гг.)
(из архива Олега Дмитриева)

Петр ПОТЕМКИН (1886-1926)
Россия (Орел) – Франция (Париж)

К 130-ЛЕТИЮ СО ДНЯ РОЖДЕНИЯ ПОЭТА

ПАВЕЛ И ЗОЯ
(повесть в стихах)

ПОСВЯЩЕНИЕ

Волна и вихри меня домчали.
Феллука дремлет на причале.

———

Несу тебе свой скромный труд,
Указчик милый, будь что будет!
Возьми, суди, и пусть твой суд
Его похвалит иль осудит.
Лишь твой мне дарит приговор
Юдоль тоски и радость гор.

———

Часть 1

Дитя пленительного юга,
Она не знала серых дней,
Ее вечернего досуга
Зимой не раздражала вьюга
Тоскливой песенкой своей.
Благословенная богами,
Она вдыхала пьяный зной
Над южно-рдяными цветами,
Над южно-жаркою волной.
Как серна робкая мила,
Невинней свежего левкоя,
Капканов рока не ждала
Мной воспеваемая Зоя.
Кто не видал, как летним днем
За дальним лесом вдруг качнется
И над полями пронесется
Седое облачко, потом

91

Второе, третье, ряд за рядом
И вдруг, на луг просыпясь градом,
Расколет небо громкий гром?!
Напрасно ветер клочья туч
Поспешно за море уносит,
Напрасно солнце поздний луч
На нивы сгубленные бросит,
Увы, веселая коса
Зерна созревшего не скосит ,
И жниц веселых голоса
Беспечной ласковостью смеха
В горах не потревожат эха.
А между тем, как встарь яркó,
Как встарь два раза в день румяно
Сияет солнце, и, легко
Пугая злую грусть тумана,
Сдувая брызги сладких рос,
Ласкает ветер ветку роз.

Однажды утром громкий плач
Детей, играющих у моря,
Прибою ласковому вторя,
Донесся до ближайших дач.
И в то же время рыбаки,
Покинув сохнувшие сети,
Поспешно слали челноки
Туда, где плачущие дети
Меж ровных увидали волн
Плывущий кверху днищем челн.
Еще, спасая, не спасли
Ни утопающих, ни трупов,
Еще погибших не нашли,
Баграми точно не ощупав
Морского пагубного дна,
А уж повсюду имена
Молва людская называла,
И Зоя в них, как смерть бледна,
Отца и мать свою узнала.

Вагон, веселый балагур,
Плясал, стучал и дроби сыпал.
Осенний день был сер и хмур,

И первый снег под утро выпал,
Когда в туманное окно,
Проснувшись, Зоя наблюдала,
Как быстро, быстро пробегало
Пред ней природы полотно.
Сменяя чахлым лесом нивы,
Пригорком голым – низкий дол,
Спешил туда вагон спесивый,
Где «труб фабричных частокол»
Лазурность неба чадом смел.
И вдруг, отпрянув от окна,
Как мотылек, свечей спаленный,
О маме вспомнила она
И зарыдала исступленно.
Напрасно, недоспавши сна,
Ее унять пыталась бонна;
Прижавшись к мягкому плечу,
Кричала Зоя: «Не хочу!»
С летами Зоя испытала
Не мало разных неудач;
Но этот детский громкий плач
Река забвенья не умчала.
Нередко, спать ложась, одна,
Когда метель в окно ворчала,
На лоб надвинув одеяло,
Об этой сцене у окна
Печально Зоя вспоминала;
И часто горькая слеза
Ее тревожила глаза.

Иван Степаныч, Зоин дядя,
Был сед и лыс, хотя не стар,
Поутру волосы помадя,
Он черный брал фикситуар.
Любил поспорить об искусстве;
Поэтов новых признавал,
Хоть их нередко упрекал
В неискреннем каком-то чувстве.
Он ненавидел «Ъ»;
Любил повсюду ставить точки
И, сверху шелковой сорочки,
Носил он бархатный пиджак.

Вставал полуденной порою,
В постели черный кофе пил,
Любил, как только любят, Зою,
Но в воспитанье не входил.
Он мнил, что бонна лучше знает,
Чего ребенку не хватает.
Когда же Зое десять лет
Минуло в месяце апреле,
Надевши плюшевый жилет,
Пошел он как-то на неделе,
Подстрижен, спрыснут и обрит
В гимназию мадам Астрит.
Там говорил он очень долго
О чувстве чести, чувстве долга,
Об уваженьи к сединáм
(На что обиделась мадам)
И, наконец, пристроив Зою,
Доволен всем и сам собою,
Пошел домой, где, сняв жилет,
Спросил: «А скоро ли обед?..»

Узнав впервые робкость грез
В ночной тиши безмолвных спален,
Кто избежал любовных слез,
Кто не был томен и печален?
Кто в те года не избегал
Веселых игр друзей беспечных
И кто неведомых, но вечных,
Блаженств, мечтая, не искал?
Никто! И тягостный удел
Не миновал и милой Зои.
Невинной девушки в покое
Оставить дух тоски не смел.
Как часто, не сумев заснуть,
Сперва прислушавшись тревожно,
Накинув плате как-нибудь,
Она вставала осторожно –
И, повернув бесшумно ключ,
Чего-то ждя, моля, желая,
Стремилась, быстрая, как луч,
На встречу белой ночи мая.
Часы на башне били три,

Перекликаясь голосами,
И серый блеск двойной зари
Висел над спящими домами.
Страшась не в меру гулких плит
И замедляя шаг тревожный,
Спешила Зоя осторожно
Туда, где пасмурный гранит,
Угрюмый, старый и безмолвный,
Неволит царственные волны.
Там по замшелым ступеням
Она тихонько опускалась
И, повернув лицо к лучам,
Игрой восхода любовалась.
И в розах будущего дня
Как луч блестящ, как луч спокоен,
Кольчугой огненной звеня,
Явился ей небесный воин.
Был черен цвет его кудрей,
Овал лица лучист, но бледен,
Печальный взор его очей
Был так могуч, был так победен!
И он приветливо кивал,
И слал коня навстречу деве,
Но кто-то Властный запрещал,
И белый конь в бессильном гневе
Перед преградой отступал.
А дивный воин рвал узду
И слал коня; и слал, и маял,
И вдруг в лучах восхода таял,
И расплывался. «Жди, приду!»
Чуть слышно в воздухе звучало.
И, вскрикнув, Зоя убегала.

Прошли года. Подернут далью
И конь, и всадник, меч и щит,
Гимназию мадам Астрит
Окончив с золотой медалью,
На всех балах и вечерах
Бывает Зоя и без меры
В мундирах, фраках, сюртуках
Теснятся к Зое кавалеры.
Все жаждут видеть прелесть глаз;

Все остроумны; все учтивы,
Ей приходилось уж не раз
Под звук мазурки горделивой
Внимать и клятвам, и мольбам
Любви и пламенной и нежной,
Но непреступной и небрежной
Бывала Зоя. Строг и прям
Сражал признанья взгляд сердитый,
И дерзновенный замолкал
И молча Зою провожал
На место, мрачный и убитый.
А дома, скинув свой наряд,
Тревогой сердце беспокоя,
Улечься не спешила Зоя.
Подслушав все ли в доме спят,
Она тихонько одевалась
И, как и прежде, удалялась
В лучах рассветной синевы
В свой уголок у вод Невы.
Слепой мечтой обеспокоен,
Напрасно напрягался взор –
В огнях зари, могуч и скор
Не появлялся дивный воин.
Но каждый раз, идя домой,
Она надежды не бросала;
И уголок любимый свой
Ночами часто посещало.
Всегда, везде была она
Виденью дивному верна.

Часть 2

Придя домой, напрасно Павел
Искал коробки папирос.
Он твердо помнил, что оставил
Ее с букетом вялых роз
На черной полке у лимона;
Увы, ее бесцеремонно
Какой-то гость ее унес.
Но кто ж явился дерзким вором?
И смотрит Павел мутным взором,
И разъяснение ему

Находит, вскоре, очень близко.
На подоконнике ему
Была оставлена записка.
При свете лампы видит он
Чернильных букв рябую стаю:
«Жди завтра утром. Уезжаю
Во вторник вечером. Антон».
Четыре раза бедный Павел
Читал записку. Думал он,
Что винный дьявол с ним лукавил,
Что это все лишь пьяный сон,
Но, наконец, пославши к шуту
И явь, и бред, решил заснуть.

И захрапел через минуту,
Забывши лампу завернуть.
Пока больные сновиденья
Тревожат Павла злой игрой,
Читатель, милостивый мой,
Давно прошедших дней волненья
Я воскрешу перед тобой.
Давно ль, сидя на задней парте,
Они, презрев латынь и Рим,
Полны задором молодым,
В слепом и пламенном азарте
Играли в шашки и порой,
Внезапно призваны к ответу,
В Аркадию совали Лету
И вместо *hic* склоняли *oi*?
Давно ль, примяв бока фуражки
И гимназический свой герб,
Согнув в комок, на праздник верб
Стремились — пестрые бумажки
Бросать в девиц с Песков и Пряжки?
Давно ль на школьных вечерах,
Тайком в шинельной выпив пива,
Они вздымали горделиво
Лихой венгеркой легкий прах?
Давно ль, влюбляясь ежедневно,
Они сходились, чтоб решить,
Чья бесподобнее царевна,
И чью шикарнее любить?

Давно ль все было? А меж тем
Немало лет и дней докучных
То, как осенний дождик, скучных,
То быстро жарких, как Гольфстрем,
Прошло с тех пор. Окончив школу
Они, как вихри, завились
И за руном добра и чести
Двумя путями разошлись.
Антон, подхваченный грозою
Освободительной весны,
Купил потертые штаны,
Рубашку с вышитой каймою,
Том «Капитала», пять брошюр,
Три нелегальные открытки,
Но был он дерзок чересчур
И через год за норов прыткий
Попал куда-то на Амур.
Другой звездой влеком был Павел.
Еще в гимназии подчас
Пегасом бешеным он правил,
Хоть плохо слушался Пегас.
И, быв слугою Аполлона,
Его любимцем не был он.
В его поэмах лирный звон
Переродился в звук тромбона.
Но он трудился, а трудясь —
Чего не сделаешь на свете!
И рифм таинственную вязь
Почти узнал, и рифмы эти
Звучали громко, звонко, но...
В них смысла вязкое звено
Куда-то тайно убегало,
И строка строчки не ласкала.
Я знаю, критики земли
Его талантливым поэтом
Считать, конечно, не могли.
Но он умел дружить со светом,
Умел подмазаться ко всем;
Всегда был полон модных тем
И был нахален не по летам.
Себя прославить он умел
В эпоху «Зрителя» и «Стрел»

Он, то писал о Белых Дамах,
То пел шутов и горбунов,
И был всегда на всех программах
Литературных вечеров.

Уж стрелка анкерных часов
На первый час перебегала,
Когда с постели одеяло
Рука Антона вдруг сорвала.
Не доглядев последних снов,
Проснулся Павел. С перепугу
Сперва он друга не узнал.
Но чрез минуту руку другу
Своей рукою крепко жал.
«Антон! Да ты ли это?!» – «Павел!»
И вот вопрос родит вопрос –
Что пережил? Что перенес?
Да что нашел? Да что оставил?
И вот уж бурный самовар
Манит к себе приветным пеньем,
И вместо сахару с вареньем
(Не из любви, за неименьем)
Китайский пьют они навар.
Но с каждым мигом кратче речи
И молчаливее уста.
Пропал восторг внезапной встречи
Мечту сменила пустота.
И вот прикончили варенье,
И чай дымиться перестал;
Уж Павел все свои творенья
Просмаковал и прочитал;
Антон перед собою прямо
Вперил куда-то тщетный взор,
И пальцем твердо и упрямо
Чертит на скатерти узор.
Следит за мухой мрачный Павел.
Не знают оба, что сказать;
Уж тьмы указов, актов, правил,
Они устали обсуждать.
Висит на стенке «Дьявол» Штука,
Пищит ребенок за стеной.
И скука, мертвенная скука

Сжимает горло злой рукой.
И вдруг, как черной ночью лета
Внезапным огненным прыжком
Взлетит на облако ракета
И там рассыплется цветком,
Явилась Павлу мысль благая.
И вдруг тоска его прошла.
Морщинок скучных злая стая
На лбу улыбкой расцвела.
Поднялся он. Перед Антоном
С минуту молча пошагал,
И вдруг совсем веселым тоном
Ему уверенно сказал:
«Антон, пойдем-ка, друг, в «Париже»
Закусим, выпьем рюмку-две».
«Идем! хотя, пожалуй, ближе
Обосноваться нам в «Москве»?»
Ну что ж! И вот пальто надеты;
Надвинув шляпы набекрень,
Идут, цветя, как майский день,
И ждут общественной кареты,
Готовя медные монеты.
В дыму сигар и папирос
Мигают чахлые горелки,
Звенит стаканами поднос;
Стучат тарелки о тарелки.
В углу у печки за столом
Лакеи выручки считают.
Мальчишки радостным звонком
Конец торговли возвещают.
И после третьего звонка
Друзья, допив бокал последний,
Шатаясь и бранясь слегка,
Вдвоем отправились к передней.
Фуражку сняв, открыл швейцар
И вновь закрыл за ними двери,
И ласки двухрублевой пери
Открыли им свой лживый жар.
Поверив страстным обещаньям,
Не смог противиться Антон,
Ее красой обворожен,
Внимая ласковым названьям,

Забыл тотчас же Павла он.
Тряхнув волнистыми кудрями,
Он быстро пери подхватил,
Ее в пролетку подсадил
И обнял пухлыми руками
Навстречу ласкам покатил.

Светало. Павел огорченный,
К Антону злобою горя,
Пошел, ругаясь исступленно,
От фонаря до фонаря.
Не видя бешеных моторов,
Не слыша яростных гудков,
В любой момент упасть готов
На серокаменные плиты,
Он шел, понурый и сердитый.
И вот, дойдя до берегов
Невы, закованной в граниты,
Где скачет медный полубог,
На белом облаке чернее,
Он, наконец, свалился с ног
В объятья доброго Морфея.
Гранитным выступом прикрытый,
Он спал и, бледный, словно снег,
Казалось, был любимцем нег,
А медный конь, стремя свой бег,
Вздымал тяжелые копыта.

Часть 3

О, медный конь! Твой львиный мах
Через Неву тебя не бросит;
Напрасно всадник впопыхах
Тебя над пропастью заносит.
Не постучит по мостовой
Твое тяжелое копыто;
На сфинксов рыкая сердито,
Не пролетишь ты огневой,
И там, где любящую грудь
Открыл Неве залив смиренный
Не станешь ты, жемчужно-пенный,
От быстрой скачки отдохнуть!

Но каждый раз, когда с твоим
Мой взор униженный встречался,
Ты, обуян порывом злым,
Мне оживляющим казался.
И я, трусливый, уступал
Твоим следам мою дорогу
И, страх сменяя на тревогу,
Полета сказочного ждал.
В тот час, когда храним тобою,
Мой бедный Павел крепко спал,
Когда дневною бирюзою
Сменялся утренний коралл,
Я проходил тревожный мимо
И, как и прежде, ждал прыжка,
Но ты, скача неутомимо,
Был неподвижен. Знать крепка
Узду держащая рука!

Уж пять недель хворает Зоя
Лежит иль бродит, словно тень.
Ей новый не приносит день
Ни облегченья, ни покоя.
Рыдает бонна. Дядя сам
За докторами разъезжает,
Не пьет, не ест, не досыпает,
Но не под силу докторам
Недуг загадочный. Не хочет
Из жадно впившихся когтей
Он жертвы выпустить своей,
И в тишине ночей и дней
Как червь могильный Зою точит.
И днем, и ночью, и с утра
Профессора и доктора,
Уйдя ни с чем, приходят снова,
Но на вопросы: «Где болит?»,
Больная бледная молчит
Иль говорит им: «Я здорова».
И не понять болезни той
Жрецам заносчивой науки,
Не им учености сухой
Души больной утишить муки,
Не им умерить зной в крови.

Ее болезнь – тоска любви,
Ее недуг – печаль разлуки...
Цветок весенний? Весел он,
И раз другим цветам и травам
Его ласкает майский сон
Готов служить его забавам,
Весенний луч в него влюблен.
Но синих астр тиха печаль,
Любимый луч на них не светит,
Небес безжизненная даль
Их томных взоров не заметит,
Напрасно, зная зной любви,
Они хотят себе ответа
Увы! Они на склоне лета
Без жадно жданного привета
Обсыпят венчики свои.
О, Зоя! Астрой темно-синей
Осенним днем ты расцвела!
Любовь, бессмысленна и зла,
Тебе награды не дала,
Тебя не сделала богиней.
Лампадка меркнет. Бонна дремлет.
В углу обои шелестят,
Теней трусливых серый ряд
Послушно шелесту их внемлет,
И вдруг, испуганный, дрожит
И от лампадки побежит
И вновь притихнет. За окном
Внезапно дальний кто-то крикнет
И снова ночь к окну приникнет
Своим сиреневым лицом.
Не спится Зое. Сердце сладко
Замрет, воскреснет, вновь замрет.
Чадит потухшая лампадка.
Все тех же мыслей хоровод
Пред Зоей медленно встает.
«Люблю» уста сказать готовы:
«Люблю! Приди! Возьми меня!»
И в блеске сладкого огня,
Гоня ретивого коня.
Пред нею воин чернобровый.
За ним послушная идет,

Крючки, завязки, петли рвет
И, глаз с виденья не спуская,
За ним, послушная, идет,
Неслышно по полу ступая.
Открыта дверь. Пахнул в лицо
Рассветный ветер недруг дремы.
И вот покинула крыльцо,
И вот идет полна истомы.
Синеет вешний небосклон,
Краснеет утреннее злато,
Им дивный воин позлащен
И Зою, бедную, куда-то
Зовет, блестя лучом агата.
Веденью следуя, свой шаг
Торопит пламенная Зоя.
Туда, где небо золотое
Червонцы сеет на волнах.
И вот, где, сжав рукой победной
Узду коня, во весь опор
Недвижно скачет всадник медный
В Невы ликующий простор,
Внезапно дивный воин скрылся,
И черный взгляд его потух,
И показалось Зое вдруг,
Что с медным всадником он слился.
Удивлена, поражена
Обходит памятник она.
Блуждает взгляд. Белы ланиты.
Неверен шаг. Нога дрожит.
И кто на камнях там лежит,
Скалой нависшею прикрытый?
Как черен взгляд! Как бел овал
Лица печального! Как алы
Уста, пурпурные кораллы, —
Их, верно, ангел целовал!
Подходит трепетная Зоя
И, удивленная, глядит
И слышит вдруг, над Павлом стоя,
Ей тайный голос говорит:
«Смотри, он здесь, твой дивный воин,
Твоя мечта, твой давний бред.
Смотри, он здесь, кто с детских лет

Твоей любови удостоен!
Смотри, ужель не узнаешь
Ты черт задумчивых и ясных
Ужель обеты уст прекрасных,
Тебе звучат, как бред и ложь?
Творец Вселенной, Бог Великий
Непостижим в своих путях,
Веленьем мудрого Владыки
Рожден в девических мечтах.
И плотью стал твой дивный воин.
Иди к нему! Тебя он ждет,
И час любви к тебе сойдет,
И негой ласки расцветет,
И трепет страсти будет зноен!
Замолк. Как ласковый левкой,
Сраженный злым внезапным градом,
Пронесшимся над пестрым садом,
Притихла Зоя. Над рекой
Блистает солнце ясным взглядом,
И уж уверенно идет
Куда-то ранний пешеход.

Часть 4

В сияньи радостных огней
Нарядный зал шумлив и весел.
Кипит ключом поток людей,
И ждут разряженных гостей
Ряды еще свободных кресел.
Студенты юные у стен
Стоят, прибывших наблюдая.
В круг нежных ножек обвивая
Свой непослушно-длинный трен,
Шелками шумными шурша,
Гуляют дамы не спеша.
Их занимают кавалеры
Собраньем сплетен и острот,
Бряцают шпорой офицеры,
И с люстры бронзовый Эрот
Свою стрелу им в сердце шлет...
Начало близкое пророчит
Напрасно яростный звонок —

Его призыв звучит не впрок,
Ему внимать никто не хочет.
И только полчаса спустя,
Когда огни погасли в зале,
Все, наконец, садиться стали,
Смеясь и весело шутя.

Под ручку с важным дядей Ваней
Вступила Зоя в темный зал.
Враг бесполезных ожиданий
Нарочно дядя опоздал.
Найдя в потемках номер стула,
Раз пять споткнувшись о других,
Они уселись. Ропот гула,
Все уменьшаясь, вдруг затих,
И взвился занавес, и вот
Уж представление идет.
Взошел поэт рыжебородый,
Ломая руки, стал читать
Свои торжественные оды,
Кричать, шептать и завывать.
Потом поджарая певица,
Лет тридцати восьми девица,
Пропела томно «Соловья»
И много хлопали друзья.
Потом Венявского мазурку
Сыграл скрипач monsieur Tchouhnine,
Потом, одет в кинжал и бурку,
Плясал лезгинку армянин.
Потом еще поэт гнусавил
О ликовании сердец,
И заменил их, наконец,
Шестым взойдя на сцену, Павел.

О Зоя, Зоя! Что с тобой?
Где краска щек, где радость взгляда?
Зачем смущенною рукой
Ты теребишь волан наряда?
Опомнись, Зоя! Ты больна!
Но в сласть мечты погружена,
Глядит рассеянно она.
Как птица в клетке сердце бьется,

Уста неслышно шепчут: Он.
И снова, солнцем позлащен,
Пред нею дивный воин вьется!
В пурпурно огненных лучах
Опять Нева и Всадник Медный,
И спящий Павел бледный-бледный
На серых пасмурных камнях.
Звучит ей снова голос тайный.
Звучит так близок, так певуч,
И вновь в тоске необычайной
Душа скорбит. Вновь неминуч
Тот поцелуй греховно-властный,
Каким она в тот миг неясный,
Как сон невинна и чиста,
Ожгла чужие ей уста.
Опять не в силах обернуться,
Она бежит, боясь вздохнуть,
И руки бледные трясутся,
Стараясь двери отомкнуть.
Опять болезнь, опять лампадка
Чадит и гаснет до утра,
И снова бред и лихорадка,
И доктора, и доктора.
Потом поездка к Югу. Сборы,
Дорога, нивы, степи, горы...
Мечты о нем в тиши полян,
И утром каждый день нарзан.

«Пойдем-ка, Зоя, погуляем
В фойе, а то уж мочи нет,
Так опротивел мне поэт —
Ему б родиться попугаем!» —
Промолвил дядя и привстал.
И вдруг налево и направо
Раздались крики: «Браво! Браво!»
И от восторга задрожал,
Внезапно осветившись, зал.

Концерт окончен. Полотеры
Для танцев зал убрать спешат.
Уж поднялся к себе на хоры
Оркестр, и скучно, и не в лад

Рулады пробные звучат.
Бегут просить на первый танец
Танцоры милых сердцу дам,
И уж в буфете шум и гам,
Разгул и крик привычных пьяниц.
Из-за кулис пройдя в буфет,
Собственноручно с пыльной стойки
Рыжебородый взял поэт
Бутылку перечной настойки.
И вместе с Павлом, морща нос,
За рюмкой рюмку пил и клялся,
Что он пророк, что он Христос,
Что он давно всех перерос,
Что равный в мире не рождался,
Хотя и был виной отцов
Лишь недоучкой из купцов.
Но Павлу было безразлично;
Он подливал вина себе
И пил и наливал вторично,
Забыв о пьяной похвальбе.

В фойе у двери зала стоя,
Прижавшись к розовой стене,
Стараясь быть веселой, Зоя
Внимала бальной болтовне.
– Как вам понравилась программа?
– Ах, очень, очень! – Правда мил
Сегодня Павел Снежный был?
– Великолепен! – Пушкин прямо!
– Я с ним знаком. Какой талант!
Лепечет Зое тонкий франт:
– Как он умен, оригинален
Всегда задумчиво-печален!
– Да? Я не знала. Я люблю
Его стихи, его поэмы,
Но, говорят, он из богемы?
Быть может, дурно поступлю,
Когда просить я стану вас
Представить мне его? – Охотно!
Я приведу его сейчас! –
И франт походкой беззаботной
Ушел услужливый и потный.

Оркестр, послушный дирижеру,
То полный неги, то задору
Любимым вальсом начал бал.
И вот, смущая Терпсихору,
Кто только мог, затанцевал.

Хоть и просил себя в покое
Оставить Павел, но, польщен,
Противился недолго он
И, тонким франтом убежден,
Представлен был тотчас же Зое.
Сперва, не зная, что сказать,
Вдвоем у двери зала стоя,
Они решили помолчать,
Но, наконец, спросила Зоя:
– Вы не танцуете? – О, нет!
Поспешно послан был ответ.
– На наши танцы без уморы
Смотреть я, право, не могу!
Кто видел прелесть Айседоры,
Тому (я, право, не солгу)
Они смешны, смешны и только!
Что древним грекам наша полька!
И Павел мой, разгорячась,
Болтал без удержу, а Зоя,
Не понимая, что такое
Ласкает душу, смысл и связь
Его речей ловила жадно,
И пело сердце в ней отрадно,
И так светло смотрел в упор
На Павла полный счастья взор.
Прочесть легко сумел бы всякий
«Люблю» в глазах ее больших.
Любовь отчетливые знаки
Кладет на пленников своих!..
И понял все лукавый Павел.
В нем сердце гордостью зажглось,
И он рассеянно поправил
Пробор, лежавший вкривь и вкось
И смолк. И долго темным взором
Смотрел на Зою, чтоб потом
Движеньем радостным и скорым

Вскочить и, руку колесом
Согнув, в нечаянном экспромте
Шепнуть ей на ухо: «Пойдемте!»
И, не спросив: куда? Зачем?
Послушно Зоя встала тоже –
В тот миг, решителен и нем,
Ей Павел был еще дороже.
Идут. Молчат. Зеленый свет
Шестой гостиной их объемлет,
В ней мебель плюшевая дремлет,
И никого в гостиной нет.

Волнуясь, Павел шел сюда,
Он знал, что нужно сделать что-то,
И беспокойная забота
Его томила, но когда,
Они уселись, и диван,
Вздохнув, заохал и проснулся,
Мой Павел резко повернулся,
Порывом диким обуян,
И обнял Зою. Тонкий стан
В его руках стыдливо бьется,
Но ближе, жарче к Павлу жмется
Румяный рот, и в первый раз
В тумане страсти взгляд погас.

О, поцелуи! Ваши чары
Милый и в синий день весны,
Когда мокры еще бульвары,
А в лужах тучки так ясны!
И в летний вечер, полный зноя,
Под сенью пыльного куста,
Когда, от жгучей страсти ноя,
Прохлады ждут от уст уста..
И у ветвей рябины рдяной
В осенний полдень золотой,
Когда луч солнца, тленьем пьяный,
Блестит прощальной красотой,
И зимней ночью в блеске лунном,
Таком жемчужном, среброрунном,
Когда белы, заиндевев,
Усы мужчин и брови дев!

– Мне душно здесь! Уйдем отсюда!
– Куда? – На воздух поскорей!
Я не хочу сейчас людей!
Хочу свободы, вихря, чуда!
– Но как же быть? Ты не одна...
Тебя искать ведь дядя станет?
Ах, все равно мне! Я пьяна,
Любовь пьянит пьяней вина,
В вине любви позор мой канет.
Люблю тебя! Пускай бранят,
Мне только твой и дорог взгляд!
Скорей, уйдем! – Но медлит Павел,
Его терзает тайный страх,
Стучится сердце впопыхах:
И для чего я с ней слукавил?
Вот дернул черт! Теперь возня...
Еще убьет она меня!..
Нет, не пойду я!.. – Но недаром
Он пил вино, слепым угаром
Его окутало питье,
Благоразумие свое
Едва призвав, он вновь отринул,
Махнул рукой, глазами вскинул,
И так решил: «Ну, что ж, дерзну!
Пойду для храбрости глотну,
Да с ней куда-нибудь катну!

Часть 5

Полдневный луч лукавым блеском
Пробил замерзшее окно,
Шутя скользнул по занавескам,
Обжег японское панно,
Где две кудлатые овечки
Взбирались, блея, на скаку,
И, пойман зеркалом у печки,
Пятном улегся на полу.

Часу в десятом встав с постели,
Одеться Зоя не спешит.
Наряд вчера еще любимый,
И, прежде, бережно хранимый,

Он на полу в пыли лежит.
Прикрыв платком нагую шею,
Не видя, Зоя смотрит вдаль.
Тревожный взор блестит, как сталь,
Перо, бумага перед нею...
Но чист нетронутый листок,
Она писать еще не сможет,
Ей душу горькую тревожит
Сомнений замкнутый поток.
– Ужели, правда – день вчерашний?
Ужели был урочный час
Расстаться мне с мечтой всегдашней,
И свет лелеянный погас?
Нет! нет! не верю! Так жестоко
Судьба не шутит никогда.
Ведь есть у взбалмошного Рока
Хоть капля чести и стыда!
Со мною, верно сон лукавил,
Мне все приснилось: бал и Павел,
И поцелуи, и езда,
И в небе синяя звезда!
Но тщетно, тщетно хочет Зоя
Своей израненной душой
И явь, и быль сочесть мечтой!
Ей шепчет ум совсем иное
И воскрешает перед ней
Вчерашний день до мелочей.
Вот в раздевальню, озираясь,
Она спускается, а вот, в углу укромном одеваясь,
Она тревожно Павла ждет.
Приходит Павел. Дверь открыта.
Промолвив «трогай» лихачу,
Летят. К любимому плечу
Приникла Зоя. Позабыта
Стыдливость. Громче, горячей
Глагол любви уста спрягают,
А звезды, родинки ночей,
На небе синие сияют.
Мороз колючий, хрупкий снег,
Скрипучих санок легкий бег
И лихача «поди» лихое.
Все тешит пламенную Зою.

Как дом и дядя далеко!
Как нежен мех замерзшей шубы!
Как мил ей Павел! Как легко
Целуют ласковые губы!
— Куда прикажете — на Стрелку?
— Ах, нет! Ко мне, ко мне... Назад!
И руки Павла теребят
Ее бобровую отделку.
Как нежен взор его очей,
Таких пленительных и милых!
Она противиться не в силах
И шепчет: «Да, к тебе скорей!
В тот миг она была готова.
Что только было дорого,
Все, все навек ему отдать!
Она пошла б за ним без слова
И воровать, и убивать!
Но крикнул Павел: «На Ямскую!»
И вновь летят они, и вновь,
Вверяя губы поцелую,
Она так жадно пьет любовь!
На них холодным ветром дышит
Горбатый мост, но ничего,
В плену у сердца своего,
Не видит Зоя и не слышит.
Вдруг, словно чей-то хлесткий кнут
Ременной, тонкой бечевою —
Нежданный крик ударил Зою.
Она очнулась: Павел тут...
Дугой серебряной согнут,
Гуляет месяц над Невою...
Но кто же крикнул? Этот крик
Был так ужасен?.. Щиплет щеку
Заиндевевший воротник,
А за углом неподалеку
Какой-то пьяница идет
И песню пьяную поет.

ПЕСНЯ

Меня Катенька любила,
Как на место поступила,
Говорила уходя:
«Ты не пей вина, Илья!»
Долго, долго я крепился —
Все же с горести напился,
И пришел к своей милой
С четвертною под полой.
Как увидела милая,
Что со мною четвертная,
Закричала: «Ах, Илья!
Не хочу тебя мужья!
Как мне быть твоею женкой!
От тебя разит казенкой!
Целовать тебя нет сил,
Ты навек мне опостыл!»
С той поры без перерыва
Пью я водку, пью я пиво!
Ах, ты, Катенька моя,
Пропадает твой Илья!

Все безудержней, все жадней
Внимает Зоя песне пьяной,
И песня эта жгучей раной
Грызет и давит сердце ей.
Уже по-прежнему не может
Она ласкать и целовать,
Забравшись в душу, словно тать,
ее глухая мысль тревожит:
Ведь эта песня неспроста!
В ней что-то близкое, родное,
Как будто пьяные уста
Когда-то целовала Зоя.
Но нет! Не может быть! Она
Виденью своему верна!
Она ему не изменяла,
Она о нем в ночах мечтала,
И ей послал могучий Рок
Того, кто был ее достоин!

Он здесь, желанный, светлый воин,
К чему же песни злой намек?

На Павла нежно смотрит Зоя.
Что с ним: он грезит или спит?
Склонилось вниз лицо худое,
В его глазах слеза дрожит...
– Мой милый Павел, что с тобою?
Но Павел вдруг махнул рукою
И крикнул, слезы затая:
– Эх! Пропадает твой Илья!
Ну, что ж туда ему дорога!
И он растерянно икнул
И вдруг очнулся... и убого
На Зою бедную взглянул.
Кто сможет смертными словами
Весь ужас Зои рассказать?
Когда б ослепнувшая мать,
Своими чуткими руками
Привыкнув сына узнавать,
Его уверенно ласкать,
Красавцем писанным считать,
Прозрела вдруг Небесной Волей
И поняла, что сын – урод,
Она страдала бы не боле,
Чем Зоя в этот миг. С высот,
Где свет мечты так жив и чуден,
Упала Зоя в бездну буден.
И вдруг безжалостный обман
Ей сразу стал так прост и ясен:
Она ошиблась! Как прекрасен
Был тот посланец светлых стран!
И как убог, и как невзрачен
Ее растерянный сосед!
Так жизнью злой переиначен
Младой души любовный бред.
Т – Извозчик, стой у тех у ворот!
Вот мы и дома! Что же, Зоя?
И Павел, ласковость удвоя,
Ее за талию берет.
Но Зоя, бедная, невольно

Отодвигается назад.
– Мой друг, ты чем-то недовольна?
Скажи, я все исправить рад!
– Ах, нет, я счастлива! Но... право...
(И вновь подвинулась направо.)
Хотелось крикнуть ей тогда:
Оставь, уйди! Ты самозванец!
Ты злой обманщик! Но румянец
Непобедимого стыда
Покрыл ей щеки. Им согрета,
И наглым Павлом смущена,
Лепечет без толку она:
– Я не могу, я не одета!
– Как не одета, что за вздор!
Ведь так наряден твой убор!
– Я не могу, я не одета...
Как я пойду к тебе одна...
Мне, право, стыдно... нет, не надо...
Мы лучше встретимся у сада
Екатерининского! Да?
Ты завтра в три придешь туда?
– Но почему же не сейчас?
– Сегодня, право, не могу я.
И хочет Зоя свой отказ
Смягчить наградой поцелуя.

Стук в дверь и кашель монотонный
Воспоминания прервал,
И в коридоре прозвучал
Давно привычный голос бонны:
– Ты спишь еще? Пора вставать!
Уж дядя вышел погулять.
– Сейчас, сейчас! Уж я готова!
И бонна старая ушла,
А Зоя трепетная снова
Себя раздумью предала.
Увы! Теперь уж нет сомненья;
Вчерашний день не снился ей!
Звучит все ближе, все ясней
В ушах назойливое пенье!
О, как противно ей теперь
Его последнее лобзанье,

Притворно нежное прощанье;
Когда она входную дверь,
Открыв замок, плечом толкнула.
Как от него вином пахнуло!
Как зелен был налет широкий
Его нечищеных зубов!
И как жестко кусала щеки
Щетина стриженых усов!
А мутный взгляд?.. И как он смел
В своей любови Зое клясться!
Иль пошутить он с ней хотел?!
Нет! Эта шутка не удастся!
Он ждет ее сегодня в три —
Пускай же бродит до зари!
Она ему сейчас напишет
Всю правду! Пусть же он не мнит,
Что Зоя только им и дышит
И в сад ласкаться побежит!
Она не сделает ни шагу!
И вот почтовую бумагу,
Где край окрашен в серебро,
Скребет скрипучее перо.

ПИСЬМО

Меня не ждите нынче, Павел!
Совсем не ждите... никогда!..
Вы мне противны навсегда.
Ах! Кто мне вас вчера представил!
Кто с вами быть меня заставил!
Вы так мелки, неразвиты,
Вас гнать бы нужно, как проказу!
Еще никто до тошноты
Не доводил меня ни разу.
Но вы... вы пахли кабаком
И чем-то затхлым так постыло,
Что в эту ночь мне скверно было!
Post scriptum. Шлю вам щетку, мыло
И банку с мятным порошком.
Хотя, конечно, всем вы любы,
Но, целовать желая в губы,
Все ж раньше вычистите зубы!

ЭПИЛОГ

Читатель! Кончена поэма;
И чай уже тебе тошна
Непоэтическая тема
И бесконечная система
Склонять эпитет: пьян, пьяна!
Прости! Но, право, в нашей жизни
Везде, на свадьбе иль на тризне,
Творится столько пьяных дел,
Что я уйти их не сумел;
К тому ж по обсужденьи строгом
Решился я сей пьяный бред
Возможно сгладить эпилогом.
Не знаю, прав я или нет —
Пускай об этом судит свет.

Что ж сталось с Зоей? Как-то в среду
Одним приятелем своим
Я зван был запросто к обеду.
И там, за заячьим жарким,
Я услыхал, что прошлым годом,
Встречая в Ницце карнавал,
Сосед мой Зою увидал.
Цветами, солнцем и народом
Со всех сторон окружена,
Вдвоем с брюнетом неуклюжим
В коляске ехала она.
И мой сосед узнал потом,
Что то приходится ей мужем,
Что у него банкирский дом,
Во всех концах земли конторы,
Что он припадочный и хворый
И что детьми он окружен
От первых двух умерших жен.
Что Зоя счастлива с супругом,
Его деньгами и недугом,
Всего же больше мужним другом...
А Павел... но о Павле мы
Распространяться здесь не будем,

(Боюсь, мы слишком строго судим.)
Но если верить добрым людям,
Не избежать ему сумы
Иль исправительной тюрьмы.

Альманах 17. 1909 г.
Публикация Олега Дмитриева

Петр Потемкин (прибл. 1925 г.)
(из архива Олега Дмитриева

Памяти П. П. Потемкина.

вещахъ — ему не платили. Требовалось вмѣшательство союза писателей для того, чтобы усовѣстить зарвавшагося предпринимателя. Потемкинъ ничего не требовалъ. Онъ жилъ съ другими и для другихъ.

Этого не замѣчали при его жизни. Вотъ почему съ такой горестью было принято извѣстіе о его смерти. Да будетъ ему легка земля!

М. Мироновъ.

СОЛОВЬИНОЕ СЕРДЦЕ.

Памяти П. П. Потемкина.

За гробомъ П. П. Потемкина шло много народу. Въ теченіе трехъ дней всѣ русскія газеты въ Парижѣ, отъ «Возрожденія» до «Дней», въ самыхъ скорбныхъ тонахъ писали о смерти поэта, такъ одиноко умершаго на окраинѣ Парижа.

Это одиночество столь характерное для того круга, въ которомъ жилъ покойный, еще болѣе рельефно проступаетъ въ эмиграціи. Здѣсь нѣтъ литературныхъ уголковъ, надъ созданіемъ которыхъ такъ много потрудился въ Россіи П. П. Потемкинъ. Разметаные, разбросанные въ этомъ гигантскомъ городѣ мы сходимся лишь для проводовъ навѣкъ вырваннаго изъ нашихъ рядовъ стараго друга. Тоже случилось и съ Потемкинымъ. И потому что это былъ онъ, еще болѣзненнѣе ощутили это чувство «виновности», которое такъ хорошо выразилъ Донъ-Аминадо въ «Послѣднихъ Новостяхъ».

«...Милый Петя Потемкинъ... Навѣрное, всѣ мы хоть и немножко, а ужъ чѣмъ то предъ тобой виноваты. Вѣдь всѣ мы тутъ другъ къ дружкѣ и невольно небрежны, и неласковы, и торопливы. — Здравствуйте, до-свиданія, сердце болитъ?.. пустяки, не надо прислушиваться, всего хорошаго, боюсь свое метро пропустить!

И махнули рукой... и больше не встрѣтились...

Такъ, пожалуйста, Петръ Петровичъ, если можешь, прости насъ».

«Поэтъ герани» былъ тишайшимъ и незлобивѣйшимъ человѣкомъ въ жизни. Онъ много работалъ, но часто нуждался. Гдѣ то антрепренеры наживали колоссальныя деньги на его

Соловьиное сердце — смѣшное и
                хрупкое чудо...
Потолочная плѣсень вдругъ вспых
            нетъ восточнымъ ковромъ,
Вѣтеръ всхлипнетъ за вьюшкой, но въ
      вѣтрѣ — кто знаетъ откуда?
Невидимка-органчикъ веселымъ зве
           нитъ серебромъ.

* * *

Ты давно имъ владѣлъ — андерсенов
        скимъ старымъ секретомъ...
Каждый грязный кирпичъ освѣщая
          бенгальскимъ огнемъ,
Былъ ты въ каждомъ движеньи без
      печнымъ и вольнымъ поэтомъ
И не сдѣлалъ Пегаса своимъ водовоз
          нымъ конемъ.

* * *

Отъ обломовскихъ буднeй, пронизан
        ныхъ питерскимъ гноемъ,
Уходилъ ты на волю сквозь створки
         волшебныхъ дверей:
Полотеръ ярославскій былъ русскимъ
        твоимъ Антиноемъ,
И лукавый твой садъ былъ шаровъ
      разноцвѣтныхъ пестрѣй.

* * *

Такъ запомнился крѣпко рисунокъ
     твой сочный и четкій,
И румянецъ герани и толстый ворчунъ
         голубокъ...
Нахлобучивши шляпу, смотрѣлъ ты
      съ усмѣшкою кроткой,

Насмотрѣлся и создалъ лирическій
        русскій лубокъ.

* * *

Муза въ ситцевомъ платьѣ была внѣ
        парнасскихъ каноновъ.
Не звѣзда-ль Беранже излучала по
        вторно свой свѣтъ?
Но не понялъ никто изъ журнальныхъ
        маститыхъ Катоновъ,
Что безпечно прошелъ мимо нихъ
        настоящій поэтъ.

* * *

А потомъ... а потомъ и безъ словъ
        намъ все это извѣстно.
Ревъ войны, кумачевый пожаръ... Гдѣ
      былая, родная герань?
Домъ сгорѣлъ... На чужбинѣ пустын
      но и жутко и тѣсно,
И усталый поэтъ, какъ въ ярмо
       запряженная лань.

* * *

Надорвался и сгинулъ. Кричатъ
      биржевыя таблицы...
Гулъ моторовъ... Рекламы... Какъ
      кратокъ былъ свѣтлый порывъ!
Такъ порой, если отдыха нѣтъ,
        перелетныя птицы
Гибнутъ въ морѣ, усталыя крылья
      безсильно сложивъ...

А. Черный.

Из газеты «Иллюстрированная Россия» 1926 г.

120

Юрий Мандельштам с женой Людмилой Стравинской

Юрий МАНДЕЛЬШТАМ (1908-1943)
Париж, Франция

СТИХИ ПОЭТА, НЕ ВОШЕДШИЕ
В ЕГО ПОЭТИЧЕСКИЕ СБОРНИКИ

* * * * *

В. Смоленскому

Еще я беспокойнее иного,
Еще меня волнует быстрый взгляд,
И брошенное ласковое слово,
И нежный голос, и живой наряд.

Еще мне доставляет радость верить
В далекую и странную мечту,
И рифмами страдать, и чувство мерить,
Случайно схваченное на лету.

Но с каждым днем душа прямее, строже,
Покорнее недвижному лучу,
И той же рифмою я чувство то же
К безгорестному рвенью приучу.

И знаю я, что скоро – слава Богу,
Ведущему нас мудрою рукой –
Мы сменим наболевшую тревогу
На лучезарный, неземной покой.

* * * * *

Воистину свободен труд!
Но ты не волен в полной мере:
Не мог и бдительный Сальери
Расчислить звонкий бег минут.

А ты, покорный в смене лет,
Ты над своей судьбой не властен,
Ты скован безнадежным счастьем,
И сумрак твой рождает свет.

Не так ли молкнет голос твой,
И ты уже в угоду миру
Бросаешь радостную лиру,
Срываешь перстень колдовской?

Но замыкая тайный круг
И злым бесплодием томимый,
Ты издаешь неповторимый,
В душе твоей рожденный звук.

* * * * *
1.

Ни ясных чувств, ни мыслей строгих...
Туманы, даль, любовь и грусть.
Слова надежды и тревоги,
И те я знаю наизусть.

Но вдруг метнется в голове:
В далекий день любви и зноя,
Как павший воин на траве,
Лежит с простелянной душою.

* * * * *
2.

За жизнью, за душой – за всем
Мучительное наблюденье.
Подумай: так до просветленья
Всегда безрадостен и нем.

Подумай: ведь сомненье тоже,
Встревоженное тишиной,
Быть может, овладеет мной
На брачном или смертном ложе.

* * * * *
Простые смертные играют в прятки,
Но как прекрасен их земной покой.

Ты вечно обращен лицом к разгадке,
Но что имеешь ты, поэт слепой?

Простые смертные узнают счастье
В уютном доме, где не страшен сон,
Где радио поет в любовной страсти
И где любовный отдых им сужден.

А ты, поэт, в холодном, зимнем свете,
Окончив день среди чужих людей,
Идешь домой. Навстречу ночь и ветер
Летят разгадкой медленной твоей.

Но ты идешь, но ты проходишь мимо,
И в темноте найдя забытый дом,
Ты ляжешь спать с женою нелюбимой,
Ты самый отдых назовешь трудом.

И сон придет не скоро и не верно:
Все будет сниться до утра тебе
Земная опостылевшая скверна,
Да тот же путь к неведомой судьбе.

* * * * *

Опять вино, и чадный шум попойки,
И пьяные, смешные голоса,
И ты, и я, и лучший друг у стойки
Вознесены почти на небеса.

Любовь моя, не бойся, на мгновенье
Мы вознеслись, любовь моя, не плачь!
Тебя утешит быстрое паденье.
О, пьяный дым любовных неудач!

И я не буду плакать: едкой болью
Запомню шеи горделивый взлет,
И губы, истомившиеся вволю,
И тот, другой, неотвратимый рот.

Любовь моя, не бойся, на мгновенье
Мы вознеслись – хмельное торжество.
Ты – гордая, ты – верная презренью,
Целуй, целуй его.

* * * * *

На паперти неловко обнялись –
Неловкость узаконенных объятий!
Склонись нежнее, робко улыбнись,
Фотографу позируй в белом платье.

Цветы гостей и приглушенный смех,
Рукопожатья, слезы, поздравленья.
Как странно счастье на виду у всех,
Какое в сердце новое томленье!

Рука в руке… Еще не много фраз…
Теперь – вдвоем в автомобиле.
Не в шутку ли, взаправду ли сейчас
Два существа навек соединили?

* * * * *

1.

Движенья незнакомые ловить –
О. медленная радость узнаванья –
И вдруг – холодный блеск: не отразит
Неизъяснимо злобного сверканья.

И в первый – верно – и в последний раз,
Друг против друга, так, в случайной встрече,
Сидеть, не отводя жестоких глаз,
Оживших огненных противоречий.

2.

Отъезд всегда отъезд. Прощанье
Всегда не в меру тяжело.
Пускай шутливое свиданье
Нас на короткий срок свело.

Пускай разлука нам с тобою,
Как шутка в шуточной тоске,
Как фарс, разыгранный судьбою –
И все-таки платок в руке.

И все-таки в игре беспечной –
Беспечнейшей из летних доль –
Живет ничтожная, конечно,
Но не придуманная боль.

К ПЯТИДЕСЯТИЛЕТИЮ СИМВОЛИЗМА

Как плоть моя грустна! И прочтены все книги!
Бежать! Туда бежать! Отбросив все вериги!
Увы, я чувствую, как птицы там пьяны,
Где небо искрится над пеною волны.
Ни старые сады, ни лампы свет несмелый,
Над девственным листом, как над пустыней белой,
Ни резвое дитя и молодая мать –
Ничто уже меня не в силах удержать.
Я еду! Мой корабль, раскачивая снасти,
Подымет якорь свой, как подымают счастье,
Еще меня томит привычная тоска,
Прощальным манием знакомого платка,
И мачты тонкие, как вечные угрозы,
Сулят крушения и гибельные грозы.
Прощай спокойствие! Прощай, земной приют!...
Но, сердце, вслушайся, как моряки поют.

* * * * *

Да, я еще здоров и молод,
Еще могу перенести
Душевный и телесный голод,
Не падая на полпути.

Еще на краткое мгновенье,
Бывает, в сердце запоет
Доверчивое вдохновенье,
Вдруг позабывшее расчет.

Еще надежда мне осталась,
И не совсем отравлен свет,
Но все-таки сильней усталость,
И тридцать лет – не двадцать лет.

Но все-таки от смутной муки,
От неосознанных обид,
Опустишь голову на руки –
И гордость прежняя молчит.

Ну что ж? Пришло и наше время
Смирить мечтательный порыв.
Блажен, кто шествует со всеми,
Покорно голову склонив.

* * * * *

Не надо зрелых рассуждений –
Забыто прошлое давно,
И только где-то наши тени
Глядят в июльское окно.

И этот слишком ранний опыт,
И этот слишком поздний час,
Нежнейший шепот, горький ропот, –
И все же благодать за нас.

Ты плакала, как плачут дети –
О, вечной чистоты залог! –

А я понять тебя не мог.
В мерцающем неверном свете,
Уже сквозь даль десятилетий,
Я постигаю твой урок.

* * * * *

Летит за стаей стая.
Ты, может быть, средь них!
Тоскует, улетая
Уже бесцельный стих.

Лети, моя тревога,
Пронзительность моя!
Трудна моя дорога
В забытые края.

Но мне еще труднее
Тебя в себе хранить,
И все же, не жалея
На волю отпустить.

* * * * *

Июльским сновиденьем –
Его на свете нет –
Далеким откровеньем
Блеснул мне этот свет.

И я поверил в прочность
Романтики земной,
В неверность и неточность,
Как в радость и покой.

Счастливейшую страстью
Я смел назвать ее.
Лети ж, мое несчастье,
Безумие мое!

АНГЛИЙСКИЙ РОМАН

Из верной крепости молчанья,
Раздумья, тишины, мечты,
Настороженной чистоты,
Спокойствия и созерцанья –

Туда, где свет земной любви,
В твою старинную усадьбу,
На романтическую свадьбу,
С волненьем радостным в крови.

И страсть приоткрывает вечность.
Но боль преображает страсть:

Ей больше не дано упасть
В себялюбивую беспечность.

Она – не цель, а только путь,
А целью мы живем одною.
Но мы разделены стеною.
Прощай, не вспоминай, забудь!

И неизбежную разлуку
Предотвращает только тот,
Кто в отрешенности умрет,
В сознанье обращая муку.

Он понял, он сумел понять –
О. тайна мудрого смиренья.
В нем – тот покой среди смиренья,
Та жизнь, которой /неразборчиво/

В нем бьет источник потаенный
Удвоенного бытия…
И книгу закрываю я,
Всегда по-новому смущенный.

* * * * *

Любовь нам больше не нужна,
Она безгрешна и достойна.
А ты, которая грешна,
Измучена и беспокойна.

Чего ты хочешь от судьбы,
От жизни, от моей неволи?
Какой еще ты ищешь боли,
Какой безрадостной борьбы?

* * * * *

Милый друг, на свете гадко!
Нам вдвоем – и то не рай,
Хочешь – вот тебе загадка,
Ты ж попробуй, отгадай.

Правда, это все не ново,
И загадка не трудна.
Страшно лишь промолвить слово,
Смысл его понять сполна.

Знаешь, что это такое,
Что покоя не дает,
Что и в счастье, и в покое
Нас таинственно зовет,

Нас бессмысленно тревожит,
Нас томительно пьянит,
Что на свете жить не может,
Но на чем весь свет стоит,

Что единое спасенье
Обещает нам вовек,
Отчего в одно мгновенье
Погибает человек...

Знаешь ли? Конечно, знаешь,
Помнишь, веришь, тайно ждешь,
Только тщательно скрываешь:
И сама не отгадаешь,
И другим не назовешь.

ЛЕТНЕЕ

О, хмель городского лета,
Неясный солнечный пламень.
Мерцанье пыльного света,
Железо, асфальт, камень.

В окне городского вагона
Окаменевшие лица.
Бросается в холод зеленый
Жаждущий самоубийца.

О хмель тоски первозданный –
Сжигающий, неустанный.

Граф Петр БОБРИНСКОЙ (ИЙ) (1893-1962)
Париж, Франция

ДЕСЯТАЯ МУЗА

Мы память в сердце сберегли —
О, пыльный вкус родной земли —
И помним мы сквозь год кровавый
Короткой ночи синеву,
Преображенную Неву
И наши юные забавы,

Как с озаренных островов,
Под стук расшатанных торцов,
Летишь с подругой полусонной,
И в старом доме места нет,
Где б утренний не брезжил свет,
В зеркальных окнах преломленный.

Близ гавани есть тихий сад
И тень, где каждый скрыться рад
От уличной уставший пыли,
Под серой крышей низкий дом,
Где в зале с синим потолком
Нам звезды крупные светили.

Тогда бегущих ровно дней
Соблазны чудились сильней,
И в их неотвратимой гонке
Едва мелькнул — поймешь ли ты —
Твой — скорбной музы — профиль тонкий
И белые в руках цветы.

Но гасли призраки свободы
Под шум военной непогоды,
Восстаний дымные огни
Светили пяльцам Пенелопы,
И в целом мире мы одни —
Вечерней зрители Европы,

И ты, с которой навсегда
Нас разлучить могли года
Провалом павшие меж нами, –
Не омрачен твой светлый щит,
И ангельскими голосами
С тобою сердце говорит.

Нас в эти годы не пытали
Ни умозрительные дали,
Ни ночь твоих жестоких снов, –
Сквозь козий мех твоей милоти
Знакомый вкус родимой плоти
Был нам, как в детстве, прян и нов.

Все та же ты, и той же четкой
Неизменившейся походкой
Благословенная идешь,
Вдыхая горечь грудью жадной,
В подоле риз, сквозь сумрак чадный
Цветы весенние несешь.

Певцам твоей минутной славы
Черней не выцедить отравы,
Какую нам испить дано.
Как кубок полный сини липкой
С холодной претворим улыбкой
В новорожденное вино.

Но памяти отрадно бремя
Земной не разомкнувшим плен.
Придет бушующее племя.
В дыму грядущих перемен
Лишь вечное избегнет тлен,
И перед ним бессильно время.

1927

* * * * *

Жили мы высокими мечтами,
Ныне славой малых мест живем,
В простоте беседуем с богами

И огонь домашний бережем.
Только мудрость этой жизни малой
Дорогой купили мы ценой —
Веснами на родине усталой
И не первой вьюжною зимой.
И покой наш не всегда надежный,
Часто память раны бередит.
Выносливей сердца — глыбы снежной —
Петербургский розовый гранит.

СТЕПЬ

Я полюбил тебя за громы
Твоих молниеносных бурь,
За бухнущие черноземы
Сквозь красок бледную лазурь,
За неразгаданную повесть
Судьбы твоей, за женский пыл,
За тяжкий взмах дрофиных крыл
Над золотом твоих сокровищ.

Невольник твой, упрям и тих,
Хозяин или гость случайный, —
Я шел в раздолье нег твоих,
В просторов плен необычайный, —
К тебе, влачившей по земле
Тысячелетие соблазны
От края дебрей непролазных
До гор, незримых в влажной мгле.

И вот, настиг тебя. Могучей
Насытился. И брежу, пьян,
Теснины всех благополучий
Отдать за знойный океан,
Где мнут просторы золотые,
Ведя послушные рои,
Твои Потемкины, твои,
Косоочитые Батыи!

В бесстрастной памяти рамён,
Под равнодушным синим небом,
Тебе ль покой иных времен,
Червоннокудрая, неведом?
Что перед вечностью – служить,
Америке грядущей туком,
Иль половца, с конем и луком,
В ковыльный шелест погрузить!

* * * * *

Не вернуть любимого досуга,
От уныния или греха
В ночь неверная ушла подруга,
В душные запутавшись меха.

И, один, февральский слушать ветер
Я остался в домике, где мы
Забывали о ненужном свете
Под пушистым пологом зимы.

Ту, что ввысь уносит нас волнуя,
Или стелется зимой, как дым, –
В смене дней, невольницу земную,
Малую любовь благословим.

МОРОЗ

Мы дни суровые забудем,
Блеск нетерпимый этих дней,
Когда вернемся в морок буден
Жестокой родины своей.
Ища в последствиях причины,
В угаре тлеющей лучины,
В сугробах зим погребены,
За явь беспечную мы примем
Не пошлинами вековыми –
Морозом скованные сны.

Он неизменен наш заветный,
Непоборимый наш мороз,

В искристый иней разодетый,
Приветлив, ясен и пригож.
Сковав разъятые стихии
Души твоей, души – России,
И круг запретный очертив,
Он будет вновь стоять на страже
В лосинах, в реющем плюмаже,
Перед твоим порогом, Скиф!

И будет сказка длиться, длиться
Для потерявших путь в ночи.
И будет былью небылица.
Уже кружат, летят грачи.
И гасит в преддекабрьской мути
Мгновенный пламень революций
Возвратное дыханье зим.
Рукой подъятые железной
Мы под разверстой звездной бездной
Обвороженные летим.

ЗИМОЙ

Ранним утром вышла ты из дома.
Розовели снежные цветы.
За окошком, на тропе знакомой,
Показалась и мелькнула ты.

Белой шерстью тонкий стан окутав,
В легком беге устремленных лыж,
Из лесных, седеющих уютов
В ширь равнин, крылатая, скользишь.

Ветер веером развеял юбку,
Резкий, упирается в плечо, –
Как бы льдинкой ты не стала хрупкой,
Зацелованная горячо.

ИЗ ИТАЛЬЯНСКИХ СТИХОВ

Латинским парусом погас
Закат на взморье, и затеплил
Венеции иконостас,
Венеции застывший пепел.

И стали воды глубоки,
Неизреченны и бездонны:
С небес, по выгибу реки,
Плывут гондолы и мадонны.

Та с яслями, та со стены,
Где зреют розовые гроздья,
Та в синем, праздником весны
Беллини благостная гостья.

Их много, много протекло,
Покуда не сомкнулись своды...
И тяжело стучит весло
О поглотившие их воды.

МАРИНА

Рыбачьих свернутых сетей
Вальки у набережной гладкой.
Лес опрокинутых снастей
Упал в веселом беспорядке
В сияющую синеву.
Я в небе вымпелов нарву
И принесу тебе в подарок,
Под однозвучный плеск воды
Меж грузных тел фелюг и барок,
Сомкнувших тесные ряды, –
Канатом розового локтя
Не обожги, привстав едва, –
На палубе, где запах дегтя
Напоминает Острова...
А завтра теплый ветер с суши,
Догнав ушедших в дальний путь,

Разлуки долгий стон нарушит, —
Мне упадет, как ты, на грудь.

1928

ЯМБЫ

Ужели ты до жизни этой жалкой
    В иных темницах и гробах
Томилась — лицемерная весталка,
    Безумная или раба?

Но где твоя магическая сила?
    Какой стремительный полет
Ты, гордая Психея, превратила
    В змеиный, боязливый ход?

И сколько раз, обретшая в Сизифе
    Свой образ — тщетно торжество!
Вопила ты истошным воем пифий,
    Беременная божеством.

Вотще. Подземная вода полощет
    Оцепенелые брега.
Заснул в ладье угрюмый перевозчик
    С тобой, незрячею, в ногах.
....
Пусть. От тебя в последней схватке с телом
    Освободился пленный дух,
И — вольный — взмоет, гость иных пределов,
    Весь созерцание и слух!

1928

Лазарь КЕЛЬБЕРИН (1907-1975)
Киев, Украина – Париж, Франция

* * * * *

Вечером, почти впотьмах,
Наклоняясь над тобою,
Я любуюсь сам собою,
Крошечным – в твоих зрачках.

Также и тебе, скажи,
Как во мне не отражаться?
Ведь глаза недаром мнятся
Ясным зеркалом души.

– Так глядимся в зеркала
Черные и голубые,
Но в любви есть много зла,
И мы сами очень злые.

И бывает, что любя,
Даже, будто бы, навеки,
В самом близком человеке
Ищем лишь самих себя.

* * * * *

Среди плодов нет краше винограда
– Вершина радости и страсти дно! –
Но чтобы пьяным быть, вина не надо:
Земная жизнь старейшее – вино.

Слепые звезды ночь нам освещают,
И солнце самому себе темно.
И оттого цветы благоухают,
Что им взлететь на небо не дано.

* * * * *

Пусть небо в жемчуг одевает тучи.
Мне эта площадь серая милей.
И пенье проводов, и взлет могучий
Металла звонкого, кубических камней.

Вино сверкает. В этот тихий вечер,
Как дым кадильный – папиросный дым,
Как аромат давно забытой встречи,
Как близкий друг, чье имя я забыл.

– Твои глаза пленительны и узки,
Но наши встречи слишком коротки.
Откуда-то задорно, по-французски,
Толпу пронизывает пошленький мотив.

– О, где вы, духи! Радостней простора
Мне рук твоих кольцо и шелк груди.
На потемневшем небе светлый город
Гигантской декорацией висит.

* * * * *

Когда пятнистая луна
В лохмотьях туч облачена;
Когда в потоке городском
Спит остров мертвых вечным сном;

А на деревьях каждый лист
Так по-весеннему нечист, –
Тогда, скрываясь в полумрак,
Прохожий ускоряет шаг,

Спеша покинуть этот путь,
Где с каменистой высоты,
Бросая тень на лоб и грудь,
Глядят ожившие кресты...

Там, под кладбищенской стеной,
Стояли – помнишь? – мы с тобой.
И был прохладней горных струй
Апрельский, долгий поцелуй.

* * * * *

Предельной нежности откинь вуаль
С лица и плеч, счастливая Психея.

Меня влечет надмирная печаль:
Я ничего сказать о ней не смею.

Перед грозой бывает блеск зарниц.
Так в час ночной, что смерти тяжелее,
На Елеонской выси, павши ниц,
Люблю тебя и помню, и жалею.

* * * * *

Сильнее жизни? Горя нет такого,
Зачем же плакать жалкими слезами!
– Все выше, выше, млечными стезями
Из глубины туманного, земного…

Все тише, тише, вечным приближеньем
Как хорошо забыть о человеке…
– О, где теперь беспомощным движеньем
Вы креститесь, мои закрывши веки?

* * * * *

И то не нужно, и другое…
И ты уходишь понемногу,
Ты думаешь быть ближе к Богу
В ночи блаженного покоя.

Уже ты ближе к средоточью
Сфер, исчезающих в эфире,
Ты дышишь музыкой и ночью,
Почти забыв о нашем мире.

Да. Но и мы тебя забудем
И равнодушно спросим имя,
Когда ты возвратишься к людям,
Чтоб умереть, хотя бы с ними.

* * * * *

Словно дух, от земли отлетающий,
Приближаюсь к твоей синеве,
Я богатство твое расточающий,
Полюбивший жизнь на земле.

Высоко, пред святой оградою,
Там, где вход в предвесенний сад,
Мне не страшно ловить с отрадою
Твой, почти человеческий взгляд.

И так сладко душе торжествующей
Знать, что девушки и цветы,
И весь песенный мир, ликующий,
Только отблеск Твоей красоты.

* * * * *

Для жизни, которая камнем лежит,
Но больше для той, о которой молили:
Для счастья, которое долго томить,
Для горя, которое скоро забыли,

Для дальних, кого мы могли бы любить,
Могли бы любить и любить не сумели,
Для легкости в этом бессмысленном теле, —
Мне кажется, стоило все-таки жить.

* * * * *

Вне сострадания, вне страдания,
Почти любовь, скорей тоска,
Есть ревность. Та, что без желания.
Она безумна и жалка.

У бедных, ею одержимых,
Так много дел непоправимых.
И тайных слез необъяснимых...

Все им не нужно, все неважно,
Ни блажь ума, ни тела дрожь.
— Печальней лжи любви продажной
Любовь, похожая на ложь.

У ГОРОДСКИХ ВОРОТ

На том месте, где ты стояла,
Как-то тихо стою, как вор.

Между нами десять кварталов
Бесконечного города.

Ты прекрасен закат прохладный!
За оградой зеленая даль.
Ты придешь, мой друг беспощадный,
Чтобы было печальнее.

Ведь я жду тебя здесь недаром.
Ты расспросишь опять о нем.
Я смогу сосчитать удары
Сердца спокойного.

Только счастье не умирает.
Только радостней произвол!
– Необъятное небо пылает
Коричневым золотом.

* * * * *

Звездным блеском тайно полный
Поздний день вздыхает: жаль...
И, сквозь розовые волны,
Парус уплывает вдаль.

Вот рыбак, на борт не взятый,
Возвращается домой,
От заката он богатый,
Ходит в куртке золотой.

– «Здравствуй, радость! Сладко в доме
На горе, над прозой дней,
Ничему не верить, кроме
Яркой скромности твоей...».

Так любовь его мечтает
С тайным страхом иногда.
Гаснет море. Небо тает,
Белый парус пропадает.
Всходит белая звезда.
День уходит навсегда.

* * * * *

На скале, возле самого моря, простивши друг другу…
Это было в раю. Нет, не так, – это было потом,
Под высокой сосною, слегка наклоненною к югу,
И в тяжелом от нежности воздухе, дивно-пустом.

Между тем, не спеша, рыбаки уплывали куда-то,
Распустив, словно мятые крылья, свои паруса,
И колючей стеною вокруг золотого заката
На горе остывали, сгоревшие раньше, леса.

Этой нежности тяжкой не знать бы нам вечно причины!
Почему мне так больно? – Послушай, вернемся домой.
День был только что розовый, вот он уже голубиный,
И о нашу скалу разбивается глухо прибой.

* * * * *

Что время? Страх, надежда, скука,
И умирает человек.
И даже краткая разлука
Всегда – навек.
Вот почему мне было больно,
Что мы не вместе в эту ночь,
И улыбнулся я невольно,
Чтоб краткой вечности помочь.

* * * * *

В недостойных руках эти теплые, детские руки,
Беспокойный костер вкруг высокого ясного лба…,
Да, теперь навсегда. И не будет разлуки в разлуке,
Даже странно подумать, что это все та же судьба.
Вдруг судьба не похожа на долгие, зимние ночи,
Вдруг судьба не похожа на вздох у немого окна…
– Неужели бывает, что жизни любовь не короче? –
Посмотри, как нам морем июльским луна зажжена?
Кем – любовь? Посмотри, это данное Богом вначале
Для обмена на жизненный опыт печали.

* * * * *

При луне, для перемены,
Превратилась пена в ртуть...
На песок, у самой пены,
Хочешь, сядем отдохнуть?
Все равно напрасен ропот,
Разве не было весны?
Жадной жизни жалкий опыт,
Пустота без глубины.
Но не плачь. Для всей печали
Мир достаточно высок,
Только в дырочки сандалий
Набивается песок,
И, не зная праздной боли,
Пригоняя с моря хлам,
Ветер горьким слоем соли
Покрывает губы нам.

* * * * *

Это были весенних дождей одичалые струи,
Это были мгновенных ночей без примет чудеса,
Это были слова без значенья, почти поцелуи,
Или слезы в глазах, как на райской сирени роса.

Это все оттого, что ты в сердце хранишь откровенье,
Я не знаю о чем, да и знать не хочу до конца...
Я молиться учусь, становясь по ночам на колени, —
Монастырское счастье! Сиянье чужого лица.

И, делясь о тебе с каждым камнем и с каждым прохожим,
Называю последним и лучшим созданием Божьим.

* * * * *

Восемь дней, почти без перерыва,
Дождь идет на трубы и кресты.
Разлилась река. И от разлива
Стали сразу низкими мосты.

Из глуши фабричного предместья,
От немых крестов и тощих труб,

Выйду я, с тоской своею вместе,
Вдоль реки, туда, где старый дуб

Рад, как в детстве, желтой грязи слою,
Всей земле, размякшей в январе,
Нарисую сердце со стрелою
Ножиком карманным на коре –
Пусть живет...

* * * * *

Пусть каждый день к могиле шаг
И смерть чего-то дорогого,
Но я живу – и смерть никак
Не обольстит меня живого.

Не беспокойся, не грусти,
Не важно – верить или не верить,
Есть боль какая-то в груди,
Которую нельзя измерить.

И в этой боли есть ответ...
В холодный вечер вдруг мне ясно,
Что в ней одной тепло и свет
И все, что в жизни не напрасно...

* * * * *

Все дальше, дальше... это. – Нет.
Не то ли? Нет. – О, Боже, Боже!
Я проклинаю белый свет,
Себя я проклинаю тоже.
И не хочу, нет, не хочу
– И не из страха, не из лени –
Спасая плоть, бежать к врачу.
Спасая душу, гнуть колени.

К 80-ЛЕТИЮ СО ДНЯ СМЕРТИ
БОРИСА ПОПЛАВСКОГО

Инна Лазарева (США). Портрет Бориса Поплавского.

ИЗ ГАЗЕТЫ «ВОЗРОЖДЕНИЕ» (ОКТЯБРЬ, 1935 г.)

Автор неизвестен

ТРАГИЧЕСКАЯ ГИБЕЛЬ Б. ПОПЛАВСКОГО[12]

Вчера трагически окончил жизнь известный в эмиграции молодой поэт Борис Поплавский.

Утром г-жа Поплавская, мать поэта, открыв дверь в комнату сына, была удивлена, что тот не приподнялся ей навстречу. Она подошла к дивану. Борис Поплавский лежал неподвижно, и лицо его было страшно бледное. Мать закричала: «Борис!» Лежавший ничего не ответил. Мать взяла его за руку. Рука была окоченевшая. Поэт быль мертв.

СМЕРТЬ ЯРХО

Еще не придя в себя от охватившего ее ужаса, г-жа Поплавская услышала вдруг стон из соседнего помещения. Она бросилась туда. Лежа на пальто, положив голову на подушку, девятнадцатилетний друг ее сына, Сергей Ярхо, стонал и звал на помощь. Лицо его было так же бледно, как и лицо Бориса Поплавского, и такая же странная тень была под его глазами. Сергей Ярхо скончался вскоре после того, как его доставили в госпиталь Бисэтр.

ВСТРЕЧА НА МОНПАРНАССЕ

Вот что пока известно об обстоятельствах смерти поэта. Борис Поплавский познакомился на Монпарнассе с Сергеем Ярхо, который якобы был морфиноманом. Подружился с ним, и Сергей Ярхо будто бы и убедил Поплавского впрыскивать себе морфий.

ОТРАВЛЕНИЕ НАРКОТИКАМИ

Поплавский, родившийся 24 мая 1903 г. в Москве, обладая некоторым достатком, приютил у себя Сергея Ярхо, также уроженца Москвы (род. 4 мал 1916 г.). Оба молодых человека были очень дружны.

Причина самоубийства – молодые люди покончили с собой, приняв большие дозы наркотиков – еще не установлена.

---

[12] Газета «Возрождение» (Париж), том 11, № 3781, 10 октября, 1935 г.

ДРАМА ЯРХО

Поплавский, как сказано выше, не нуждался, но Ярхо, не имевший права на работу, не обладавший даже средствами на уплату за «карт д-идантитэ», не умер с голоду только благодаря помощи друга. Бедность, а в особенности угроза высылки в СССР (у него был советский паспорт) чрезвычайно удручали Ярхо, и он неоднократно говорил о желании покончить с собой.

Тела отправлены в Институт Судебной Медицины.

ВО ВТОРНИК

Поплавский и Ярхо пришли на квартиру родителей поэта во вторник к 8 часам вечера. Поплавский сказал своим родителям, что он с Ярхо хочет остаться вдвоем. Родители, знавшие, что сын любит подолгу беседовать на литературные темы со своими приятелями, ушли из комнаты.

Что затем произошло – неизвестно.

В карманах Ярхо обнаружено несколько пакетов с морфием.

Родители покойного поэта утверждают, что смерть его – несчастный случай, а не самоубийство. Все дни он был в прекрасном настроении, полон всяческих планов на ближайшее будущее.

Родители заметили, что ему худо еще с вечера, и хотели отвезти его в больницу. Но он решительно отказался, заявив, что чувствует себя прекрасно и просит только о том, чтобы ему дали выспаться.

Горе отца поэта, Ю. М. Поплавского, известного общественного деятеля и публициста, и его матери не поддается описанию.

Покойному поэту было 32 года.

РАССЛЕДОВАНИЕ

Полицейский комиссар квартала Мэзон Бланш приступил к розыскам лиц, которые продали морфий молодому человеку. Оба трупа доставлены для производства вскрытия в Институт Экспериментальной медицины. В одном из карманов Ярхо нашли также небольшую записную книжку с какими-то странными знаками, которыми он обозначал, по-видимому, каких-то лиц.

Автор неизвестен

ТРАГИЧЕСКАЯ СМЕРТЬ Б. ПОПЛАВСКОГО[13]

Как вменяется, вопреки некоторым сообщениям, Борис Поплавский, умерший вместе со своим другом Сергеем Ярхо (выдававшим себя за князя Багратиона) от злоупотребления наркотическими средствами, отнюдь не потреблял эти средства постоянно. Французские газеты, накануне сообщившие данные, неблагоприятные для памяти покойного поэта, ныне подчеркивали, что Бориса Поплавского никогда не видели в монпарнасских кафе ни пьяным, ни под влиянием наркотиков.

Погубила Поплавского встреча и дружба с Сергеем Ярхо.

Мать Поплавского заявила вчера журналистам:

— Это Ярхо продал моему сыну наркотик, от которого оба они погибли. Мой сын вовсе не искал смерти. На мои упреки он сказал мне: «Поэт должен изведать все ощущения». Что же касается до Ярхо, то он жил продажей морфия и героина, причем продавал он скверный морфий. Как сейчас помню его слова, сказанные моему сыну о том, что наркотики, им продаваемые, не доброкачественны, так как де доброкачественные стоят слишком дорого.

Можно заключить, что молодые люди погибли не от злоупотребления наркотиками, а от того, что принятый наркотик был недоброкачественный.

Полиция производит сейчас деятельные розыски тех лиц, которые поставили наркотические средства Ярхо.

У РОДИТЕЛЕЙ ПОКОЙНОГО ПОЭТА

Наш сотрудник вчера посетил родителей трагически погибшего молодого русского поэта Б. Поплавского. Небольшая уютная комната, — уголок России, перенесенный в Париж. Вот в этой небольшой комнате до последней минуты учился, работал и жил Б. Поплавский.

СЕМЬ ФРАНКОВ В ДЕНЬ

Отец покойного с трудом говорит о смерти сына, — чувствуется глубокое, но стойко переносимое горе.

— Мой сын много работал, и все время старался приобрести новые знания. Он физически был человек крепкий, спортивный, каждое утро

---

[13] Газета «Возрождение» (Париж), том 11, № 3782, 11 октября 1935 г.

занимался гимнастикой, и я до сих пор не могу себе представить, что он не мог перенести принятой дозы наркотика. Он жиль скромно на получаемую стипендию в размере семи франков в день, из которых он уделял около трех франков своим более нуждающимся товарищам.

СБОРНИК СТИХОВ

— Он успел почти закончить сборник стихов, который готов для печати, и я думаю, что сумею издать его в память сына. Написаны были также два романа и большой труд по логике.

— Вообще, это был человек не от мира сего, и материальная сторона жизни его словно не касалась. Ему было безразлично, как он одет, – он жил своей особой напряжённой внутренней жизнью и часто говорил, что поэзия, стихи – это его отдых, развлечение от серьезной работы, которою он был занят в библиотеках, где оставался часами, чуть ли не каждый день. Без посторонней помощи он все же сумел в Париже создать себе известное имя в литературных кругах.

ДРУЗЬЯ ПОЭТА

Сегодня целый день ко мне заходили его друзья и знакомые. Многих из них я не знал до сих пор.

Т. А.

ПАНИХИДА

Друзья Поплавского устраивают панихиду но нему в монпарнасской церкви и собирают деньги на похороны поэта. Пожертвования можно направлять по адресу газеты «Возрождение». О дне похорон будет сообщено в ближайшие дни.

БОРИСЪ ПОПЛАВСКІЙ,
трагически скончавшійся 9 окт. въ Парижъ

Фото Б. Поплавского из газеты «ВОЗРОЖДЕНИЕ» (окт., 1935 г.)

Вырезки из газеты «Возрождение» (окт. 1935 г._

Панихида по Б. Поплавскомъ

Вчера въ 1 часъ дня въ церкви при РСХД, 10 бул. Монпарнассъ, состоялась панихида по Борисѣ Поплавскомъ, устроенная друзьями покойнаго поэта. Панихиду служилъ о. Четвериковъ. Почтить память погибшаго пришли многіе писатели, художники и знакомые поэта. Среди присутствовавшихъ мы замѣтили: В. С. Варшавскаго, В. Ф. Дряхлова, Л. Зака, П. Я. Костякова, Мансурова, Д. М. Кнута, Ант. Ладинскаго, М. Я. Слонима, В. А. Смоленскаго, Ю. К. Терапіано, Я. Зурова, Т. Амирова, Ю. Мандельштама, Г. Раевскаго, А. Ф. Степанова и др.   А.

Похороны Б. Поплавскаго

Вчера состоялись похороны трагически погибшаго поэта Бориса Поплавскаго. Отпѣваніе происходило въ церкви Покрова Пресвятой Богородицы на 77, рю де Лурмель. Заупокойную литургію служилъ о. Левъ Жилле. Среди пришедшихъ отдать послѣдній долгъ покойному: М. А. Алдановъ, А. В. Алферовъ; А. А. Бакстъ; Н. Н. Берберова, В. С. Варшавскій, В. В. Вейдле, Г. И. Газдановъ, А. С. Головина, В. А. Злобинъ, Л. Ф. Зуровъ, Г. В. Ивановъ, Д. М. Кнутъ, А. П. Ладинскій, Ю. В. Мандельштамъ, С. П. Ремизова-Довгелло, А. М. Ремизовъ, В. А. Смоленскій, Ю. К. Терапіано, В. Ф. Ходасевичъ, Л. Д. Червинская, А. Е. Шайкевичъ, Ю. Фельзенъ, В. С. Яновскій. Тѣло было предано землѣ на кладбищѣ Иври.

Борис Поплавский. Автопортрет.

Борис ПОПЛАВСКИЙ (1903-1935)
Париж, Франция

ЗАМЕТКИ О ПОЭЗИИ[14]

Нужно ли стремиться «войти» в литературу, не нужно ли скорее желать из литературы «выйти»? Область поэтического не расширяется ли всегда за счет внешней темы нехудожественного? Так Блок сделал поэзией цыганский романс и частушку, произведя их в поэтические дворяне, и этим расширил область поэтического вообще; так Пушкин неожиданно (с сомнительным сатирическим намерением, может быть) открыл в «Евгении Онегине» поэтичность быта и этим стилистически породил дворянский роман.

Не следует ли писать так, чтобы в первую минуту казалось, что написано «черт знает что», что-то вне литературы. Не следует ли поэту не знать – что и о чем он пишет.

Здесь противостоят две поэтики, по одной – тема стихотворения должна перед его созданием воплощением лежать как бы на ладони стихотворца, давая полную свободу подбрасывать ее и переворачивать, как мертвую ящерицу; по другой – тема стихотворения, его мистический центр находится вне первоначального постигания, она как бы за окном, она воет в трубе, шумит в деревьях, окружает дом.

Этим достигается, создается не произведение, а поэтический документ – ощущение живой, не поддающейся в руки ткани лирического опыта. Здесь имеет место не статическая тема, а динамическое состояние (не Апполоническое, а Дионисическое начало), и потому отображение превращается и изменяется, как живая ткань времени.

В таком стихотворении все свободно превращается «во все»; построено такое стихотворение бывает не на подобии твердых тел, например, статуи, а скорее на подобии разноцветных жидкостей. И так как и сами мистические знаки ни о чем в точности не повествуют, а само магическое становление не прерывает в нем свой поступательный ход, полет или танец, то в нем «все» как бы продолжает свободно возникать из «ничего».

Шеллинг говорил, что «поэзия есть продолжающееся творение».

Творящий, творящее не знало в точности, что творится (оно не теологически действовало); такой стихотворец, как во сне или в припадке бросается в свое стихотворение; в таком случае неведомо, что выйдет: и часто в произведении, в конце, получается неизмеримо больше, чем

---

[14] Журнал «Стихотворение» (Париж), № 2, 1928, стр. 28-29

было в начале в производившем; и только тогда стихотворение есть откровение, и поэзия больше стихотворца.

Вообще, поэзия — Темное дело, и Аполлон — самая поздняя упадочная любовь греков.

Рисунок Бориса Поплавского.
«Глубокое переживание души».

Владимир СМОЛЕНСКИЙ (1901-1961)
Париж, Франция

Борису Поплавскому

Ты умер — а все как было,
Как будет во веки веков.
Как медленно сердце стыло,
Как землю душа любила,
Земной покидая кров.

Как судорогой невыносимой,
Пересохший сводило рот, --
Слетают к тебе серафимы,
А друг твой твоей любимой
Рассказывает анекдот.

Слетают к тебе надежды,
Несбывшиеся на земле.
Смерть смыкает синие вежды,
Как тускло твои одежды
Сияют в предвечной мгле.

Теперь ты все понял, все знаешь,
Теперь уже боль прошла.
Ты тихим огнем истлеваешь,
Ты облаком легким таешь,
Ты два раскрываешь крыла.

Прости (ты теперь все можешь),
Что в эту долгую ночь,
Я тебя не услышал тоже,
К твоему не склонился ложу
И ничем не сумел помочь.

Ты знаешь, мы все одиноки,
Каждый в своей судьбе ...
Друг мой ласковый, друг мой далекий,
Прими эти бедные строки —
Последний привет тебе.

Помѣнше словъ, помѣнше суеты —
Въ лугахъ заката дни несмѣлно гаютъ,
За окнами осеннiе цвѣты
Безмолвно и безстрашно умираютъ.

И мертвый листъ слетаетъ, чуя смурша
На золотомъ покрытую дорогу —
Какъ осень несказанно хороша,
Какъ смерть близка къ безсмертiю и Богу!

И жизнь твоя цвѣла какъ жизнь цвѣтовъ
И вотъ теперь она клонится долу,
Къ сырой землѣ, къ Господнему предѣлу
Окованному золотомъ листовъ.

1946.

Влад. Смоленскiй.

Автограф и фото Владимира Смоленского

157

Анна ПРИСМАНОВА (1892-1960)
Париж, Франция

ПАМЯТИ БОРИСА ПОПЛАВСКОГО[15]

С ночных высот они не сводят глаз,
под красным солнцем крадутся как воры,
они во сне сопровождают нас —
его воркующие разговоры.

Чудесно колебались, что ни миг,
две чаши смерти: нежность и измена.
Ему друзьями черви были книг,
забор и звезды, пение и пена.

Любил он снежный, падающий цвет,
Ночное завыванье парохода...
Он видел то, чего на свете нет.
Он стал добро: прими его природа.

Верни его зерном для голубей,
Сырой сиренью, сонным сердцем мака...
Ты помнишь, как с узлом своих скорбей
влезал он в экипаж, покрытый лаком,

как в лес носил видения небес
он с бедными котлетами из риса...
Ты листьями верни, о желтый лес,
Оставшимся — сияние Бориса.

1935

---

[15] Присманова, Анна. Тень и тело. – Париж: Объединение поэтов и писателей, 1937.

Юрий МАНДЕЛЬШТАМ (1908-1943)
Париж, Франция

Памяти Бориса Поплавского

Холм невысокий, пред которым я
Стоял, еще совсем не понимая,
Крест деревянный, и вокруг друзья, –
Кто молча, кто беспомощно рыдая...

Комки сырой кладбищенской земли,
И память, ставшая почти святыней,
Мы все-таки с собою унесли,
Бредя, как прежде, жизненной пустыней.

Еще твоих стихов невнятный звук,
И в каждом сердце новая усталость...
Немногое нам от тебя осталось,
Как и от нас останется, мой друг.

БОРИС ПОПЛАВСКИЙ[16]

Скончавшийся вчера Борис Юлианович Поплавский был одним из самых талантливых русских поэтов эмигрантского поколения. Смерть его – большая утрата для молодой русской литературы. Его бессмысленная гибель в самом расцвете сил и возможностей (Поплавскому было немногим больше тридцати лет) должна быть настоящим горем не только для его сотоварищей – литераторов, но и для всех следивших за работой русских писателей в изгнании.

Борис Поплавский появился на литературном горизонте десять лет тому назад, и его своеобразный и подлинный талант сразу же обратил на себя всеобщее внимание. Пишущий эти строки хорошо помнит то сильное впечатление, которое производили первые стихи Поплавского на литературных вечерах в кафе «Ла Болле». Но не только молодые отметили эти стихи. Поплавского вскоре стали печатать чуть ли не все существовавшие в эмиграции периодические издания: «Воля России»,

---

[16] Газета «Возрождение» (Париж). № 3781, 10 окт., 1935.

«Звено», «Современные записки», «Числа». В небольшой группе, сплотившейся вокруг последнего журнала, Поплавский был, без сомнения, самой колоритной фигурой. В 1931 году он выпустил книгу стихов «Флаги», отмеченную и на страницах «Возрождения» как один из лучших стихотворных сборников, вышедших за последние годы. Писал Поплавский и прозу. Отрывки из его романа «Аполлон Безобразов» появились в печати, а совсем недавно в узком кругу он читал талантливейшие главы из нового неоконченного романа «Домой с небес». Поплавский был постоянным участником всех литературных собраний, устраиваемых Объединением поэтов, «Зеленой лампой», «Кочевьем» и другими обществами. Был он и завсегдатаем монпарнасских собраний поэтов. Новые лица, попадавшие по субботам в кафе «Наполи», неизменно обращали внимание на его наружность (Поплавский болел глазами и постоянно носил черные очки) и на его всегда острые разговоры. Странно и страшно подумать, что ни на собраниях, ни на Монпарнассе, ни во время товарищеских вечеринок, которые так любил Поплавский, мы уже никогда не увидим его, не услышим его чтения, не будем обсуждать его стихи. Мир его беспокойной душе!

БОРИС ПОПЛАВСКИЙ. «СНЕЖНЫЙ ЧАС»[17]
Посмертные стихи 1931-1935, Париж, 1936.

Говорить о посмертной книге Бориса Поплавского трудно и больно. Читаешь его стихи, вспоминаешь его живой голос, и неотвязно преследует мысль о человеке, эти стихи писавшем, жившем рядом с нами, стремившемся к тому же (пусть и в других формах), что и мы, и которого теперь уже нет среди нас. Всякий отзыв о «Снежном часе» почти неизбежно превращается в личные воспоминания, некролог, а то и апологию. Все это более чем понятно. Но попробую все же писать не о самом Поплавском, а о его книге (подготовленной к печати им же самим). Не буду также преувеличивать его заслуг: полное уважение к памяти поэта, мне кажется, требует и честного отношения к его стихам, без ложной и лживой панегирической мелодекламации.

Я всегда считал Поплавского несомненным и, потенциально, даже значительным поэтом; считаю и сейчас, что из поэтов эмигрантского поколения, он был самым одаренным – формально и, пожалуй, духовно. Некоторые стихотворения из первой книги «Флаги» были прекрасны, да почти в любом его стихотворении были строки такой глубины и пронзительности, что запоминались поневоле сами собою. И все-

---

[17] Журнал «Круг» (Париж), № 1, 1936, стр. 177-178

таки «Флаги» мне не казались окончательной удачей. Большинство стихотворений были как-то разжижены, наполнены строчками приблизительными, и часто они-то и составляли почти все стихотворение, терявшее свою форму и свою внутреннюю ценность.

Изменился ли Поплавский после «Флагов»? Первое впечатление от «Снежного часа», что он не очень изменился. Может быть, стихи, в общем, ровно подобраны, но приблизительных стихотворений, держащихся отдельными строчками, все же много. Кое-что из прелести ранних стихов Поплавского даже утеряно: таких сразу же поражающих стихов, как «Морелле», «Черной мадонне», «Рукописи в бутылке» в новой книге мы не найдем. Но первое впечатление ошибочно. Поплавский внутренне резко изменился, и если не поэтически, то духовно и душевно сильно созрел и углубился. Несмотря на поверхностное сходство со своими старыми стихами, он говорит в «Снежном часе» совсем другим тоном – более сосредоточенным, более трезвым, сознательным и главное – более смиренным. Трудно определить, в чем именно заключается недовершенный опыт Поплавского: в его стихах звучат ноты и мистические, и созерцательно-религиозные, и спокойно-философские. Но то, что в его опыт одним из элементов входило смирение, по-моему, несомненно.

> Выйди в поле, бедный горожанин,
> Посиди в кафе у низкой дачи,
> Насладись, как беглый каторжанин,
> Нищетой своей и неудачей.
> Пусть над домом ласточки несутся,
> Слушай тишину, смежи ресницы.
> Значит, только нищие спасутся.
> Значит, только нищие и птицы.

Во «Флагах» была такая строчка: «Бог звал меня, но я не отвечал». Смирившись, или, во всяком случае, смиряясь, Поплавский кому-то ответил, на что-то отозвался. В первой книге он, одаренный чувством жизни, оставался к ней равнодушным. В «Снежном часе» он идет навстречу жизни, стремится именно к жизни во всей ее полноте и простоте. Вероятно, так надо толковать название одного его стихотворения – «Домой с небес» (мы знаем, что также назвал Поплавский свой ненапечатанный роман). Для Поплавского воскресла земная жизнь, в противоположность не так «небесам», как уединенному созерцанию, воскресла природа. Он увидел не условно-декоративный пейзаж его прежних стихов, а живой лесной и приморский. «Над солнечною музыкой воды, // Там, где с горы сорвался берег в море». Как кратко и, вместе с тем, как красочно нарисовано. Раньше Поплавский хотел «лечиться от желания жить и печали». В последних своих стихах он принял и жизнь, и печаль, и радость. Говоря несколько условно, Поплавский, сильно зараженный декадентством, но внутренне ему во многом противоположный, захотел от него отказаться, и даже вступил с ним в борьбу. По-видимому, Поплавский был накануне освобождения от всяких влияний, накануне полного нахождения самого себя. Путь к этому, во всяком случае, ему был открыт. Поэтому так жива память о нем, и так мучительна боль при мысли о его смерти.

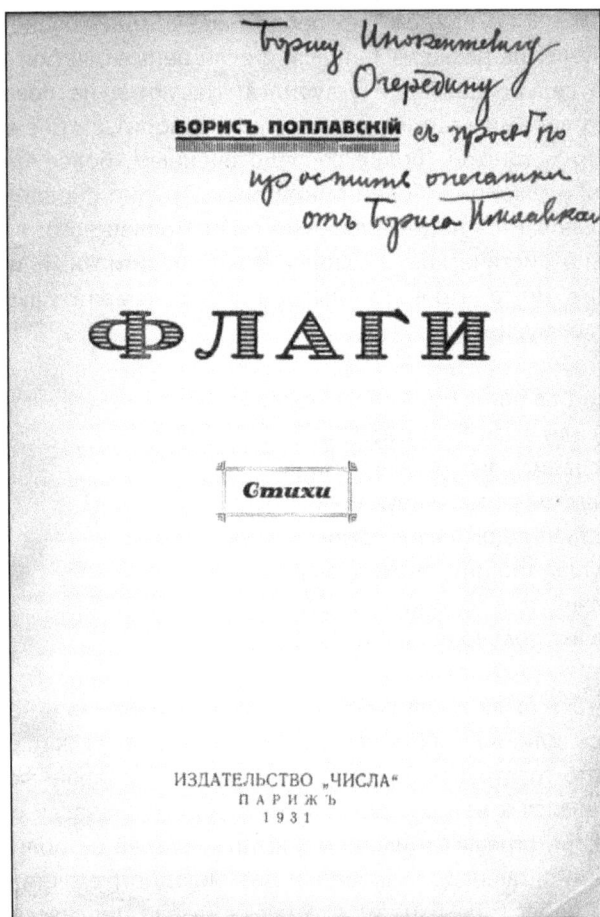

(Из архива поэта Евгения Минина)

К 130-ЛЕТИЮ СО ДНЯ РОЖДЕНИЯ ВЛАДИСЛАВА ХОДАСЕВИЧА

Инна Лазарева (США). Портрет Владислава Ходасевича

ИЗ ГАЗЕТЫ «ВОЗРОЖДЕНИЕ» (ИЮНЬ, 1939 Г.)

Статья приписывается Юрию Мандельштаму

ПОСЛЕДНИЕ ДНИ ХОДАСЕВИЧА[18]

В. Ф. Ходасевич захворал около 3-х месяцев назад, и решительно ничто не предвещало близкого и трагического конца. Те же, часто повторяющиеся боли, та же беспечная надежда, что боли эти пройдут, как проходили и раньше.

Он лежал у себя дома, окруженный вниманием и заботами. Врачи не могли поставить точного диагноза. Он еще продолжал свою журнальную работу, присылал в «Возрождение» свои статьи. Но скоро работу эту он прекратил и вернулся к своим старым, более серьезным, темам и замыслам. Это был уже тревожный признак.

Болезнь затягивалась. Боли обострялись. Уже больного приходилось «взбадривать» вспрыскиваниями, уже врачи разрешили ему не больше четверти часа в день для свиданий с друзьями.

Однажды одному из близких друзей, когда из комнаты вышла жена, он с детским притворством больного сказал: «а, кажется, мне уже не подняться»... Увы, фраза эта, далекая от его подлинного настроения, оказалась пророческой.

Три недели тому назад В. Ф. Ходасевичу внезапно стало совсем плохо. Кожные покровы резко пожелтели. Решено было обратиться к знаменитому терапевту, профессору Абрами. Больного пришлось перевезти в госпиталь Бруссэ.

Начались дни тягчайших страданий, сопряженных с бесконечными исследованиями. Близких и друзей В. Ф. Ходасевича поражала необыкновенная жизненная сила этого слабого от природы человека. Едва отпускали его жесточайшие боли, в нем просыпался его острый юмор, потребность развлечься, посмеяться. Лежа в безотрадной госпитальной обстановке, он попросил привезти ему его рукописи, и на больничной койке продолжал работать над своей перепиской с Горьким. Почти до конца довел он эту работу, которую считал литературно и исторически важной.

В больнице он пролежал одиннадцать дней. К концу этого срока силы внезапно начали оставлять больного. Порой он как бы забывался. И часто повторял он имя одного из самых близких и любимых своих друзей – Андрея Белого.

---

[18] Газета «Возрождение», том 15, № 4148, 16 июня 1939 г.

Диагноз до конца не был поставлен с полной точностью. Предположили рак печени. Нашли необходимость срочной операции. Операция должна была быть сделана, во всяком случае, даже и без надежды на благополучный ее исход, — иначе больного ждут уже совершенно непереносимые страдания.

Операция была поручена доктору Бассе, одному из лучших хирургов Франции. В. Ф. Ходасевича на короткое время увезли из больницы домой.

12 июня больного перевезли в клинику Альма, где работает доктор Бассе. Ночь понедельника на вторник была самой мучительной за все время болезни В. Ф.

Во вторник, в 2 ч. 30 м., началась операция. Хирург извлек из печени два огромных камня. Стало ясно, что условный первый диагноз неправилен, что операция безнадежна, что доводить ее до конца нет смысла, что делать ее надо было 12-15 лет назад.

Операцию не довели до конца. В самом лучшем случае больной мог протянуть две недели. Увы, смерть пришла много раньше.... Он умер почти не приходя в сознание.

После операции ему делали переливание крови. Вначале пульс показал резкий подъем общего состояния, но сознание уже не возвращалось к больному.

За полчаса до смерти О. В. Ходасевич окликнула мужа. Он вдруг открыл глаза, улыбнулся, пошевелил губами, но — вновь впал в беспамятство.

В 6 часов утра, в среду В. Ф. Ходасевич скончался.

* * * * *

Первая панихида по В. Ф. Ходасевичу была отслужена по католическому обряду в день смерти. 15 июня.

На второй день кончины, в 16 часов была отслужена в часовне при клинике вторая панихида.

Отпевание и погребение будет совершено в пятницу, 16-го, и православная панихида – в Александро-Невском храме отслужена будет в воскресенье, 18-го, после литургии.

Юрий МАНДЕЛЬШТАМ
Париж, Франция

ПАМЯТИ ХОДАСЕВИЧА[19]

Умер Ходасевич. Как писать об этой смерти, какими словами выразить ту живую, ту острую боль, которая наполняет сердце при одной мысли об этой потере? Как писать об этой смерти – мне, знавшему Ходасевича лично в течение последних двенадцати лет, связанному с ним не только той таинственной круговой порукой, которая объединяет всех писателей, не только уважением поэта к большому поэту, эмигрантского литератора к одной из крупнейших величин русской поэзии последнего периода, но и длительной близостью литературной, моментами и человеческой, несколькими годами общей работы в редакции. Как писать некролог о человеке, образ которого до такой степени жив не только в памяти, но и в самой душе моей? Ушел от нас большой художник – один из своеобразнейших наших поэтов, блестящий автор книги о «Державине», умный историк литературы (как недавно писал я о его книге «Некрополь»), острый и страстный критик – но ушел, и человеку которого я лично знал, человек, вызывавший порою противоречивые чувства, но к которому я невольно, то сознательно, то инстинктивно, влекся.... В тягчайший год многих личных утрат – утрата Ходасевича для меня одна из самых тяжелых, одна из самых невообразимых.

Уже несколько месяцев был он страшно болен – он, всю жизнь подверженный мучительным недугам (в юности он несколько лет пролежал неподвижно в гипсе!). Уже несколько недель знал я о возможности рокового исхода. Сам Ходасевич ждал его, готовился к нему. В один из моих последних приходов к нему, желая подбодрить шуткой, я предложил пойти в кафе, как бывало прежде. Ходасевич серьезно ответил: «Нет, это уже никогда не удастся».

Ходасевич и раньше часто говорил о смерти, много писал о ней в стихах.

> ...И не знаешь, он придет ли, нет ли.
> И какой он будет, долгожданный гость.
> Утром ли он постучит в окошко,
> Иль стопой незримой[20] подойдет из тьмы:

---

[19] Газета «Возрождение» (Париж), том 15, № 4188, 16 июня 1939 г.

И с улыбкой, страшною немножко,
Все распустит разом, что связали мы.

Это еще в 1915 году, в книге «Путем зерна». И через год опять о том же:

Но вот, уже давно меня клонит к смерти,
Как вас под вечер клонит ко сну. [21]

Смерть незримыми нитями соединялась для него с поэзией. «Дышу на вас туберкулезом и вдохновеньем, и весной»[22]. И с неожиданным терпеливым и целомудренным вниманием всматривался он в нее в «Тяжелой лире»:

А я подумал: жизнь моя,
Как нить, за Божьими перстами,
По легкой ткани бытия
Бежит такими же стежками,

То виден, то сокрыт стежок,
То в жизнь, то в смерть перебегая...
И, улыбаясь, твой платок!
Перевернул я, дорогая. [23]

Тему смерти замечал Ходасевич особенно чутко и в стихах других поэтов, хотя и корил сурово эмигрантских авторов за пристрастие к эстетическому «умиранию». Но критику, упрекавшему молодую поэзию за «излишние» напоминания о смерти, он не менее сурово возразил: «Смерть как-никак довольно важное явление на земном шаре» Лишь одного требовал он всегда в отношении к ней: целомудренности. Образцом стихов о смерти считал он пушкинское изумительное «Заклинание»: «Зову тебя не для того, чтобы изведать тайны гроба». Тайна для Ходасевича должна была остаться тайной.

---

[20] Поправка: в других вариантах «неслышной» (прим. ред.). Стих. Помечено 14 дек. 1915 г.
[21] Отрывок из стихотворения «Милые девушки, верьте или не верьте...» (1916) (прим. ред.).
[22] Строки из стихотворения «Бельское утро» (1921). В оригинале: «Дышу на вас туберкулезом / И вдохновеньем, и Невой» (прим. ред.).
[23] Отрывок из стихотворения «Ты показала мне без слов...» (1920) (прим ред.)

И вот смерть человека, столько о смерти писавшего и уже явно обреченного, не верилось, не хотелось верить. Как представить себе эмигрантскую литературу без Ходасевича, эмигрантские литературные круги – без Ходасевича, «Возрождение» – без Ходасевича, нас – без Ходасевича. И, глядя на его страшно исхудавшее лицо, пожелтевшее, нежизненное, я ловил в блеске глаз – по-прежнему живых, в словах его – как всегда остроумных и насмешливых, надежду, наперекор всему, доказательство улучшения. Надежда жила во мне все эти дни – известие, что Ходасевич скончался, несмотря на все, поэтому поразило своей неожиданностью и жестокостью.

* * * * *

Что сказать сейчас о его литературной деятельности? В некрологе всего не вместишь – о его значении в русской литературе надо писать отдельно, и будут писать, конечно, не одну статью. Не сомневаюсь, что и книга о нем появится не одна. Пока напомним лишь несколько дат, несколько вех на его преждевременно прервавшемся, и все же столь значительном пути.

Ходасевич родился в 1886 году – ему было всего пятьдесят три года. Первые стихи его были напечатаны в 1905 году, в московском альманахе «Гриф»[24]. В 1907 – вышел его первый сборник «Молодость», перед войной второй – «Счастливый домик». От обеих этих книг Ходасевич потом как бы «отказался», не включив их в свое «Собрание стихов» (в 1927 году). Вошли в это собрание три его основных книги: «Путем зерна», «Тяжелая лира» и «Европейская ночь» (стихи берлинского и парижского периодов). В эмиграции же выпустил он «Державина», две книги о Пушкине («Поэтическое хозяйство Пушкина» и сборник статей) и воспоминания о периоде символизма «Некрополь». Ведя в «Возрождении» критический отдел, стал он в эмиграции самым крупным литературным авторитетом – его суждения и оценки создавали и губили писательские репутации.

Впрочем, губили редко.... О Ходасевиче создалось впечатление, как о критике злом и желчном. Создалось с его же легкой руки:

---

[24] Основателем и главным редактором издательства символистов «Гриф» (1903—1914) и составителем альманаха «Гриф» был Сергей Алексеевич Соколов (Сергей Кречетов) – русский поэт-символист, один из идеологов «белого движения». Умер в Париже в 1936 году. Женой Соколова была Петровская Нина Ивановна.

Желторотым внушаю поэтам
Отвращение, ужас и страх... [25]

На самом деле, беспощадных осуждений у Ходасевича было немного. Язвительность и злоба его были иного порядка – чисто литературного. Ходасевич мог зло высмеять Маяковского, убийственно написать о Брюсове. В эмигрантской среде клеймил то, что противоречило его представлениям о писательской этике. Но к «молодому» поколению мало кто был более внимателен. Сам он отмечал, что никто из отвергнутых им не написал впоследствии ничего дельного, зато не все, им отмеченные, стали поэтами подлинными. «Я еще слишком добр», – шутил он. Зато именно он отличил раньше других наиболее бесспорных эмигрантских новых писателей: Сирина[26], Ладинского[27], Смоленского[28]. Со смущением и благодарностью вспоминаю и его отзыв о моей первой книге стихов – вместо злобного «уничтожения», которого я ожидал, слова поощрения и благожелательства. Думаю теперь, что именно этот отзыв решил для меня внутренне мою судьбу.

Таким же неожиданным было и первое мое впечатление от Ходасевича-человека. Какое там «отвращение, ужас и страх»... Более обворожительных людей мне мало приходилось встречать. Когда Ходасевич хотел очаровать, собеседник полностью, подпадал под его власть. Помню посещение его в 1930 году поэтами молодой группы «Перекресток», которой Ходасевич, особенно заинтересовался. Кажется, ни один из нас не мог тогда противостоять этому очарованию.

С «Перекрестка» начались живые отношения Ходасевича с «молодыми» – отношения сложные, ибо ярко выраженная творческая личность групповому общению мешает. «Подпадать» под Ходасевича было невозможно и, несмотря па безоговорочное преклонение перед его талантом и мастерством, «молодые» от него отдалились. После распа-

---

[25] Строки из стихотворения «Перед зеркалом»:

Разве мальчик, в Останкине летом
Танцевавший на дачных балах, –
Это я, тот, кто каждым ответом
Желторотым внушает поэтам
Отвращение, злобу и страх? (прим. ред.)

[26] Сирин – один из псевдонимов Владимира Набокова.
[27] Антонин Петрович Ладинский (1896 – 1961) – русский поэт «первой волны» эмиграции и автор популярных исторических романов о Римской империи, Византии и Киевской Руси. В 1955 г. вернулся в Россию.
[28] Владимир Алексеевич Смоленский (1901 – 1961) – русский поэт «первой волны» эмиграции.

да «Перекрестка», Ходасевич появлялся иногда среди «молодых» на Монпарнассе, на собраниях «Объединения Поэтов и Писателей», но держался уже сам отчужденно. Эту отчужденность многие принимали за нарочитую позу, за выражение презрения. Но те, кто сохранили с Ходасевичем личный контакт, знают, какой кровной связью был он связан со всеми. И не раз отсутствие его в каком-либо литературном начинании играло чуть ли не большую роль, чем иное присутствие. Отношение Ходасевича, его оценки, чувствовались на расстоянии.

* * * * *

В. Ходасевич был на редкость умен — и в жизни, и в стихах. Эта его черта порою толковалась как препятствие его поэтическому дару. «Поэзия должна быть, прости Господи, глуповатой», — приводились стихи Пушкина. Ходасевич неизменно отвечал на это: «Но поэт должен быть умным». Зато умное и сознательное отношение Ходасевича к поэзии обострило для него ту трагедию русского поэта, о которой он сам так проникновенно писал в очерке «Кровавая пища». Трагичность жила в Ходасевиче, дышала в нем. К роковой судьбе, общей всем русским поэтам, прибавилось неблагополучие, негармоничность нашей эпохи. Ходасевичу удалось «привить классическую розу к советскому дичку», — но в душе его разделенность, мучительная и губительная, осталась до конца. Ходасевич задыхался в нашем времени, в эмиграции. И следствием этого было то, что он перестал сознательно писать стихи.

Помню, как он однажды, поздно вечером пришел в один дружеский дом, измученный, чуть ли не плачущий. «Владислав Фелицианович, в чем дело?» — «Не могу писать. То есть, конечно, стихи выходят — но это уже не то, не мое. А что сейчас надо писать — не знаю. Может быть, вообще сейчас не время для стихов».

Возможно, что эта трагедия вернее привела Ходасевича к гибели, чем все физические недуги. Ходасевич умер от рока, от «недуга бытия». И какими другими словами можно закончить некролог, как не теми, что все мы услышим на панихиде: «Идеже несть болезнь, печаль и воздыхание, но жизнь бесконечная»[29].

---

[29] Или: «*Идеже несть болезнь, НИ печаль, НИ воздыхание, но жизнь бесконечная*» (прим. ред.).

Владимир СМОЛЕНСКИЙ (1901-1961)
Париж, Франция

* * * * *30

Владиславу Ходасевичу

Всё глуше сон, всё тише голос,
Слова и рифмы всё бедней, —
Но на камнях проросший колос
Прекрасен нищетой своей.

Один, колеблемый ветрами,
Упорно в вышину стремясь,
Пронзая слабыми корнями
Налипшую на камнях грязь,

Он медленно и мерно дышит —
Живёт — и вот, в осенней мгле,
Тяжёлое зерно колышет
На тонком золотом стебле.

Вот так и ты, главу склоняя,
Чуть слышно, сквозь мечту и бред,
Им говоришь про вечный свет,
Простой, как эта жизнь земная.

---

30 Журнал «Круг» (Париж), № 1, 1936. С. 130.

Георгий МЕЙЕР (1894-1959)
Париж, Франция

СМЕРТЬ В. Ф. ХОДАСЕВИЧА[31]

14 июня утром скончался Владислав Фелицианович Ходасевич.

Трудно говорить над еще не закрывшейся могилой человека, которого ты лично знал и уважал, поэта, творения которого ты высоко ценил и любил. Смерти подобают не слова, а тишина и молчание. Но жизнь движется, созидается и требует от нас не только острого внимания ко всему живущему, но и памяти, строгой, чистой, посредством живого слова, сохраняющей прошлое нетленным, и тем побеждающей смерть.

К написанному слову своему и чужому покойный был неумолимо строг и требователен, но зато ведал ему истинную цену, ведал, какими усилиями, какой духовной мукой добывается оно. Как поэту подлинного вдохновения, было ведомо Владиславу Ходасевичу еще и другое: он знал, что если слишком часто наше слово расходится с делом, то еще чаще и безнадежнее расходится оно с предельной глубиной наших чувств, с нашим внутренним опытом. II потому жалобы столь им любимого Фета были понятны и близки Ходасевичу.

> Как беден наш язык: хочу и не могу...
> Не передать того ни другу, ни врагу,
> Что буйствует в груди прозрачною волною:
> Напрасно вечное томление сердец!..

Слова не в силах закрепить и выразить тайно рождающегося в человеческой душе, они слишком топорны для этого.

> Людские так грубы слова,
> Их даже нашептывать стыдно!..

Эти жалобы на слово великого художника невольно припомнились мне, когда я услышал о смерти Ходасевича. Можно ли говорить наспех о большом поэте и тончайшем ценителе российской словесности, навсегда связавшем свое имя с лучшими заветами пушкинской поэзии, единственным стихотворным последователем которой поистине был Ходасевич.

---

[31] Газета «Возрождение» (Париж), том 15, № 4188, 16 июня 1939 г.

Перед гробом человека, носившего в себе духовную частицу возвышенной российской культуры, было бы недостойно произносить слова официального сожаления и, тем паче, предаваться казенному оптимизму. Нет, не так-то уж сильны и богаты мы после лютого большевицкого опыта, чтобы не задуматься над будущим нашей истерзанной родины. Найдутся ли достойные наследники Ея духовного прошлого? Сумеют ли они снова скрепить порванные кровавым разгулом тончайшие нити? Вот вопросы, с каждой новой утратой вставшие перед нами все острее и болезненнее. И все же надо, чтобы сил у молодого поколения на подвиг хватило. Тогда только воздвигнется не суесловный памятник творческим сынам России, и между них займет далеко не последнее место верно и честно послуживший российской словесности поэт Владислав Ходасевич!..

Иван ЛУКАШ (1892-1940)
Париж, Франция

НАСТОЯЩИЙ ЛИТЕРАТОР [32]

Буду помнить его худую, цепкую руку мальчика, как он потирал сухой подбородок, буду помнить его острый взгляд из-под блистающих очков. В глубине, всегда, как бы горькое изумление, и как хорошо веселели эти серые глаза.

Едва ли могу, едва ли решусь сказать о нем даже самые обычные слова. Я думаю, что Ходасевич был настоящим литератором. Это два очень простых слова.

Но в наши времена и у нас в эмиграции, я думаю, один Ходасевич был настоящим литератором. Все его жизненное существо было полно одной литературой. Одна она вмещала для него всю жизнь и все человеческое, что есть на свете.

Я думаю, что проходила по Ходасевичу таинственная преемственная цепь пушкинской русской литературы.

В эмиграцию – и к белым, и в «Возрождение» – Ходасевич пришел дальней дорогой. И к белым, и в «Возрождение» он пришел по одному тому, что был настоящим литератором: Ходасевич знал, как затерзала, как погасила настоящую русскую литературу революция.

Я думаю еще, что все казавшееся в нем терпким, даже жестким, было только его литературным оружием, кованой броней, с которой он настоящую литературу защищал в непрерывных боях.

Именно так, до последнего дыхания, Ходасевич отдал себя России, защищая настоящую русскую литературу, Святой Дух России – да, ее Духа Святого не похулит никто.

И еще я думаю о стихах Ходасевича, о том, что у меня от них то же странное чувство, что как бы легла на Ходасевича тень Пушкина. На одного Ходасевича из всех. Зловещая: не пушкинский день, а пушкинская ночь.

И поразительное стремление Ходасевича узнать о Пушкине все для меня не исследование постороннего ученого, а тайна души Ходасевича-поэта, – сокровенно и зловеще близкой душе самого Пушкина.

Вот эту ночь Пушкина, и ночь России, и европейскую ночь, я думаю, тайно носил Ходасевич в своей душе, и оттого во всем у него как бы привкус горькой печали – горькая-горькая полынь...

---

[32] Там же

Владимир УНКОВСКИЙ (1988-1964)
Париж, Франция

СМЕРТЬ В. ХОДАСЕВИЧА[33]

Хотя Владислав Ходасевич болел долго и мучительно и последний месяц трудно уже было надеяться, что он может выжить – его смерть потрясла литературный мир русского Парижа.

За рубежом сравнительно немного литературных сил. Каждый на счету, а Ходасевич был яркой литературной силой - истинный поэт и выдающийся критик зарубежья.

Смерть Ходасевича – незаменимая утрата.

На заупокойной службе в русской католической церкви присутствовало большинство представителей как старшего, так и молодого литературного поколения.

И каждый с трепетом и жутью спрашивал себя:

– Кто следующий?

Смерть разит, не разбирая, не щадит. Ходасевичу было всего 53 года. Редеют ряды. Мы с трепетом утром открываем свежий номер газеты, боясь увидеть роковое очередное известие.

Ходасевич мог бы еще жить, но он вовремя не обратил внимания на свой недуг. Он болел долго, двадцать лет, и, находясь постоянно в болезненном состоянии, не обращал должного внимания на зловещие симптомы.

Жена Алексея Ремизова – Серафима Павловна мне говорила, что, когда они познакомились с Ходасевичем 20 лет тому назад, – в те времена у него на теле было 167 фурункулов.

Известно, что Ходасевич несколько лет пролежал в гипсе.

Несчастный страдалец!

И он просмотрел болезнь, сведшую его в могилу. Врачи поставили диагноз – рак. А во время операции, произведенной накануне смерти, оказалось, что никакого рака нет, а большие камни в желчном пузыре, в печени.

Операцию сделали слишком поздно, когда организм был истощен и отравлен продуктами распада желчи, всасывавшейся в кровь и ткани.

А камни можно заставить распасться, распылиться чисто терапевтическими внутренними средствами.

Камни желчного пузыря – отнюдь не смертельная болезнь. Но, очевидно, рок судил иначе. И Ходасевича не стало.

---

[33] Газета «Меч» (Варшава), 2 июля, 1939 г.

Три месяца перед смертью он пробыл в постели, но сначала даже писал очередные критические статьи. Юрию Мандельштаму, посетившему его в госпитале, Ходасевич сказал:

— Никогда мы уже с вами вместе не посидим в кафе.

Секретарь профессионального союза русских писателей и журналистов во Франции В. Ф. Зеелер мне говорил:

— Я побывал у Ходасевича за неделю до смерти и беседу мы вели только о его болезни.

Ходасевич чувствовал приближение развязки, хотя надежда все-таки его не покидала.

От В. Ф. Зеелера я узнал, что В. Ф. Ходасевич до своей кончины оставался членом «профессионального союза русских писателей и журналистов».

Два года тому назад в «союзе» произошел раскол. Одна группа порвала с «союзом» и образовала свой «Национальный союз писателей и журналистов». Туда перешло большинство сотрудников газеты «Возрождение».

А Ходасевич, сотрудничая в «Возрождении», не сменил вех... Вообще был человеком с большим характером.

Парижская литературная молодежь считала его большим авторитетом, чтила его, более того — любила. В церкви многие плакали, а на кладбище, несмотря на то, что от недавнего дождя земля раскисла, многие из молодежи — юноши и девушки — стояли на коленях.

На свежую могилу был возложен огромный роскошный венок от «Объединения писателей и поэтов» — так называемого «союза литературной молодежи», возглавляемого Л. Ф. Зуровым. Средств у «союза» никаких нет. Большинство членов зарабатывают себе на жизнь тяжелым физическим трудом, а безработные живут впроголодь и потому эта жертва сирой вдовицы была особенно трогательна.

Среди старшего поколения у Ходасевича были друзья, сторонники, но были и ожесточенные противники.

Его так же сильно любили, как другие ненавидели.

Юрий МАНДЕЛЬШТАМ
Париж, Франция

«НЕКРОПОЛЬ»[34]

Ходасевич – поэт уже давно занявший почетное место в русской литературе двадцатого века. «Тяжелая лира» и «Европейская ночь» — не только книги прекрасных стихов большого мастера, они – в каком-то смысле – вехи, которыми отмечена эпоха. Влияние Ходасевича на поэтов «эмигрантского поколения» было одно время столь сильным, что некоторые из них, любя и ценя его стихи, из понятного чувства самосохранения, сознательно не держали у себя на столе «Тяжелую лиру». Любопытно было бы проследить влияние Ходасевича по ту сторону рубежа – несмотря на все преграды, оно, несомненно, существует и порою, при чтении некоторых советских стихотворцев, бросается в глаза.

Ходасевич-пушкинист также бесспорно утвердился в историко-литературной науке. Имя Ходасевича-критика известно всей эмиграции. Но всеми этими трудами творчество Ходасевича все же не исчерпывается. У нас как-то не оценили в достаточной мере Ходасевича-прозаика. Между тем, его своеобразная проза в русской литературе не может не остаться, наряду с его стихами. Его книга о Державине – один из лучших образцов художественной биографии, вообще существующих: она несравненно значительнее хотя бы прославленных биографов Моруа или Цвейга, уже одним тем, что Ходасевич вполне чужд так называемому «романсированию». Новую его книгу[35], не меньше, чем «Державина», читаешь с чувством восхищения и того почти физического удовольствия, которое доставляет книга лишь очень большого писательского и человеческого уровня. Появись такая книга в данный момент на любом европейском языке, и не о русских, а о французских или английских писателях – и она заняла бы место в первом ряду современной литературы. Такова уж, по-видимому, наша судьба: мы всячески тщимся доказать, что мы богаче Запада, а когда у нас выходит книга, и впрямь не уступающая европейскому «классу», на нее обращается не больше внимания, чем на всякую другую новинку.

Оценку прозы Ходасевича может, впрочем, затруднить само ее своеобразие. Прежде всего, своеобразие самого жанра. Что это? Воспоминания? Портреты современников? Историко-литературные очерки?

---

[34] Газета «Возрождение» (Париж), том 14, № 4175, 17 марта 1939 г.

[35] *Ходасевича В. Ф.* Некрополь. – Брюссель: Петрополис, 1939.

Полностью к этим произведениям неприменимо ни одно из этих определений. Но больше всего хочется предостеречь читателя от чтения этой книги, как мемуаров. Соблазн велик не только потому, что Ходасевич пишет о «том, чему сам был свидетелем», или основываясь на «прямых показаниях действующих лиц», отстраняя все остальные данные. Смущает и само заглавие – очень эффектно, но не вполне соответствующее тону и смыслу книги, подчеркивающее именно мемуарную сторону, не столь существенную.

«Некрополь», т. е. город мертвых. Формально Ходасевич, конечно, прав. Книга составлена из девяти очерков о писателях нам современных, лично ему знакомых, но уже умерших: Нине Петровской, Брюсове, Андрее Белом, Муни, Гумилеве и Блоке, Гершензоне, Сологубе, Есенине, Горьком.... То, что их нет в живых, вероятно, облегчило задачу автора – о живых всего не напишешь. В некоторых случаях смерть была прямым предлогом написания статей (Брюсов, Горький), так что ее даже можно счесть пространным некрологом. Но в том-то и дело, что об умерших Ходасевич пишет как о живых, и в нас создает впечатление живое и жизненное. Причина тому не только художественный талант Ходасевича – наиболее художественные воспоминания часто производят впечатление вызывания теней – но самый творческий метод здесь примененный. Это метод не мемуариста, а историка. Мемуарист вспоминает, т. е. непрестанно говорит нам: это прошло, это умерло. Историк воскрешает прошлое, делает его равноценным настоящему по жизненной насыщенности. Ведь история всегда касается прошлого. А разве при чтении исторических книг у нас преобладает мысль, что все эти люди умерли?

Есть и еще одно отличие книги Ходасевича от мемуаров. В центре воспоминаний всегда стоит личность их автора, а другие люди располагаются как бы по радиусам, и чем они житейски были дальше от мемуариста, тем меньшее место занимают они в книге. Люди вполне замечательные могут, таким образом, оказаться на периферии. В «Некрополе» распределение ролей иное. Сам Ходасевич появляется, в общем, отнюдь не как главный герой, – скорее, как свидетель. И действительно, чьим показаниям историк может верить больше, чем своим собственным? Прямой герой каждого очерка всегда – человек, которого Ходасевич знал лично. Но не наше знание знакомого или друга придает портрету его удельный вес, а ценность его личности – по крайней мере, то, что Ходасевич считает ценным. Поэтому людей, биографически ему более близких, он часто оставляет в тени. Наоборот, Блок был лично Ходасевичу далек. Между тем, его облик господствует в книге – не только в очерке, его касающемся, но и в других. Имя Блока окружено незримым ореолом, даже тогда, когда он не называется. В этом умолчании сквозит даже особое уважение. «В 1904 г. Белый познакомился с молодым поэтом, которому суждено было стать одним из драгоценнейших русских поэтов», – сколько в этой фразе целомудренного и неподдельного восхищения. Блок, впрочем, имя бесспорное. Иногда у Ходасевича все же сказываются предпочтения, с которыми можно не соглашаться. Белый был, несомненно, человеком в высшей степени выдающимся, но сомнительно, чтобы он был гениальным поэтом, хотя бы «прорывами», как утверждает Ходасевич: слишком для этого выветрилась его поэзия за последнее годы. По-видимому, преувеличивает Ходасевич и талант Есенина, хотя и судит его очень сурово. Наоборот, при всех его литераторских недостатках, Гумилев, конечно, крупнее, чем изображен в «Некрополе». Эти предпочтения, однако, не личного, а литературного порядка: чтобы понять разницу, достаточно сравнить «Некрополь» с воспоминаниями того же Андрея Белого.

Исторична и самая цель Ходасевича: установить как можно точнее не только те или иные события, но и связь между ними. Поразительно его умение извлечь все возможное из малейшего указания памяти, из любого документа. Историк Каркопино[36] где-то написал, что считает своей наибольшей заслугой умение критически прочесть исторический текст. Этим умением обладает и Ходасевич: его разбор письма Есенина или писем Горького – образец такого «критического чтения».

Необходимо отметить, что очерки Ходасевича не историко-литературные, а именно исторические. По специальной причине, самим же Ходасевичем указанной, они больше дают для знания эпохи, чем для понимания литературы той поры. Даже говоря о том или ином поэте лично, Ходасевич больше касается его биографии, чем его творчества – впрочем, биографии он от творчества не отделяет, избегая этим ошибки, допущенной Моруа в «Шелли». В смысле биографическом сделал он, таким образом, немало ценных открытий. Таковы перипетии соперничества Белого с Брюсовым из-за Нины Петровской, история политических перемен Брюсова, близость кругов, в которых вращался Есенин, к Распутину, письмо Горького о том, что он собирается порвать с советами (1923 год), наконец, данные о том, что Блок перед смертью сошел с ума. Материалы исключительной важности и, главное, снабженные всеми нужными ссылками и объяснениями.

---

[36] Жером Каркопино (фр. Jérôme Carcopino, 1881 – 1970) – французский историк, специализировавшийся в изучении Древнего Рима. Действительный член Французской академии (1955 –1970; кресло №3) и Академии надписей и изящной словесности (с 1930 года).

Все же личные биографии писателей почти не играют в книге самостоятельной роли. Это узоры, из которых складывается общая картина эпохи символизма. Выпадают из этой живой истории символистического быта только очерки о Горьком и о Гершензоне. Все остальные распределены по степени значительности их героев в этом быту. Этим объясняется то, что отдельные очерки посвящены Петровской и Муни, поэтам совсем малым, но сыгравшим свою роль в истории символизма, как жизненного, а не литературного течения. Сущность этого течения, вероятно, впервые определена так отчетливо и исчерпывающе. «Символисты не хотели отделять писателя от человека, литературную биографию от личной, символизм не хотел быть только художественной школой, литературным течением. Все время он порывался стать жизненно-творческим методом, и в том была его глубочайшая, может быть, невоплотимая правда»... «Эта правда за ним и останется, хотя она не ему одному принадлежит. Это — вечная правда, символизмом только наиболее глубоко и ярко пережитая. Но из нее же возникло и великое заблуждение символизма, его смертный грех. Провозгласив культ личности, символизм не поставил перед нею никаких задач, кроме «саморазвития»... От каждого, вступавшего в орден, требовалось лишь непрестанное горение, движение, безразлично во имя чего... Можно было прославлять и Бога, и Дьявола. Разрешалось быть одержимым, чем угодно, требовалась лишь полнота одержимости». Отсюда проистекала эмоциональная опустошенность большинства символистов, «умиравших от духовного голода на мешках накопленных переживаний». Отсюда такое количество разбитых жизней и трагических смертей (если не считать трагедии Блока, обусловленной другими, более глубокими причинами). Историю символизма Ходасевич воспринимает именно как сочетание различных жизней людей, прикоснувшихся к магической стихии и не сумевших направить ее. Примеры тому чуть ли не на каждой странице «Некрополя».

Изучать эту историю как точную науку, даже основываясь на точных данных, — невозможно, тем более свидетелю и участнику символизма, как «жизненного течения». Ходасевич не только исследует эпоху символизма, но художественно ее воссоздает, заново и творчески ее переживает. Для Ходасевича не безразлично, «во имя чего гореть», хотя свое направление он от читателя тщательно скрывает. Ходасевич, вероятно, яснее видит суть символизма теперь, чем видел ее тогда, когда сам был во власти его магии. Книга его — попытка осмыслить символизм, с его глубокой правдой и с присущей ему коренной неправдой.

Та же, уже не историческая, а художественная цель руководит Ходасевичем, в его отдельных портретах. Он не описывает фактически, но и не «романсирует», а вскрывает тайную пружину душевной жизни своих героев, обычно объясняющую их творчество. Так, комбинаторские способности Брюсова, душевная неподвижность Соллогуба, любовь Белого к сосуществующим противоположностям оказываются ключом и к их стихам... Но, может быть, лучше всего удались Ходасевичу, как индивидуальные портреты, очерки о двух «несимво-листах»: Гершензоне и особенно Горьком. В последнем он разгадал то пристрастие к «утешительной лжи», которое объясняет и его литературный срыв и его политический путь, естественно приведший его к большевизму.

Цельность переживаний требует стройности архитектонической. Мастерское построение очерков превращает эти исторические этюды и психологические портреты в увлекательнейшие повести, которые, действительно, читаются «как беллетристика». Довершает своеобразие книги стиль Ходасевича, к которому тоже стоит присмотреться. На первый взгляд, его язык не кажется богатым и разнообразным; на самом же деле точность словаря Ходасевича и гибкость его оборотов – поистине редкое явление у нас, за рубежом. И, наконец, последнее замечание: в каждом определении Ходасевича чувствуется не только художественный талант, но также острый и оригинальный ум. Впрочем, известный склад ума уже не противополагается таланту, а сливается с ним. Творческому переживанию вредит лишь бесплодный комбинационный ум. Подлинный же ум – сам по себе Божий дар.

Юрий МАНДЕЛЬШТАМ
Париж, Франция

ХОДАСЕВИЧ О ПУШКИНЕ[37]

Книга В. Ф. Ходасевича, скромно озаглавленная «О Пушкине»[38], как бы завершает своим выходом пушкинские юбилейные торжества. За эти последние месяцы, не только в принципе прошедшие – как принято говорить – «под знаком Пушкина», но и реально посвященные в русской литературе и печати памяти поэта – появилось много новых трудов о Пушкине: оригинальных и компилятивных, серьезных и популярных, а подчас и просто легковесных, исследования творчества и биографии, вплоть до вполне «романсированных». Эмигрантская литература не могла, конечно, угнаться за советской по количеству, но рвение за рубежом было приложено отнюдь не меньше. К сожалению, этот энтузиазм никак не предопределяет качества произведений, фактическая ценность которых большей частью совсем не велика. Нет сомнения, что небольшая книга Ходасевича (в ней нет и двухсот страниц) одна перевешивает всю пушкинскую литературу юбилейного года – по обе стороны рубежа. Мало того, она и безотносительно столь значительна – несмотря на несколько разрозненный характер составивших ее очерков – что ей обеспечено почетное место в пушкинизме вообще.

В этом нет ничего неожиданного. Все, кто следили за пушкинистской деятельностью Ходасевича, знают, что он не только блестящий эрудит, действительно исчерпывающе осведомленный в этой области, но также – что не менее существенно – человек, искренно любящий Пушкина. Этого, как ни удивительно, о многих пушкинистах не скажешь. Большинство их, занимаясь исследованием жизни какого-нибудь дальнего родственника или случайного знакомого Пушкина, о самом поэте как бы забывают; даже истолковывая какой-нибудь эпизод его собственной биографии, умудряются обойти его живую личность, оперируя отдельными ее элементами без связи с пушкинским творчеством. Ходасевич не раз возражал против такого подхода. И, конечно, сам Пушкин в заметке о Вольтере определил, как дороги нам даже мелкие детали жизни великого человека. Ходасевич правильно отмечал, что дороги они нам все- таки только потому, что человек – велик. Забыв о его значительности, мы к этим подробностям теряем сразу же всякий интерес. Жизнь Пушкина лишь тогда полна для нас тайного смысла, когда мы рассматриваем ее параллельно с развитием его творчества. Но и

[37] Газета «Возрождение» (Париж), том 12, № 4077, 8 мая 1937 г.
[38] *Ходасевич В. Ф.* О Пушкине. – Берлин: «Петрополис» 1937.

обратно: творчество поэта неразрывно связано с его жизнью и чисто формальным исследованием его, как бы они не были интересны и порою даже существенны сами по себе, не помогут нам понять произведения, если сквозь них не будет просвечивать память о человеке.

Бесспорно, у некоторых пушкинистов-спецалистов имеются перед Ходасевичем свои преимущества – но одно, и притом отнюдь немаловажное, есть и у Ходасевича. Даже говоря о нем, как об историке литературы, не следует забывать, что Ходасевич сам поэт. Как бы научно он ни хотел подойти к пушкинизму, автор «Тяжелой Лиры» и «Европейской Ночи», естественно, ищет в произведениях Пушкина чего-то другого, чем человек, подходящий к ним хотя бы и внимательно, хотя и благоговейно, но извне. Ходасевич изнутри знает тайну поэтического творчества, и в свете этого знания все его исследования принимают несколько иной, как бы подсобный облик. Полностью осуществить свое пушкинистское задание Ходасевич смог бы, вероятно, лишь в некоем синтетическом труде – творческой биографии Пушкина. Это мое предположение подтверждается несомненным наличием у Ходасевича большого таланта биографа-художника. О нем свидетельствуют даже мемуарные произведения Ходасевича – его прекрасные воспоминания, старые – о Брюсове, и недавние – о Горьком (в последнем номере «Современных Записок»), дающих, в первую голову, именно синтетический, творческий образ своих «героев». Но главное доказательство – конечно, замечательный «Державин», стоящий куда выше многих западных образцов этого жанра, хотя бы прославленных художественных биографов Моруа. Абсолютная историческая точность не помешала Ходасевичу показать нам именно творческий стержень жизни Державина, его основное устремление, лишь подтверждаемое многочисленными подробностями.

Ходасевич предполагал выпустить подобную книгу и о Пушкине. Помешали этому его проекту, вероятно, те самые «технические причины», о которых он упоминает в предисловии к вышедшему труду – т. е., скорее всего, наши эмигрантские условия работы и ограниченные возможности в смысле необходимой документации. Эти же причины удержат Ходасевича и от «широких обобщений и выводов» при исследовании творчества Пушкина и побудили его «предложить вниманию читателей ряд отдельных наблюдений...» «Если мне удалось», – пишет Ходасевич, – «несколько раз уловить ход мысли Пушкина, то я вправе считать, что моя работа не бесплодна».

Эти «отдельные наблюдения» составили, тем не менее, свыше двадцати серьезнейших и содержательнейших очерков. В основу их положено старое исследование Ходасевича «Поэтическое хозяйство Пушкина», подвергнутое им, однако, большой переработке. Многие же очерки впервые введены в книгу. Тему всех их автор определяет, как наблюдение над самоповторениями в произведениях Пушкина. Но определение это явно вызвано боязнью переоценить свою работу, произведенную в столь неблагоприятных условиях, ибо формальным вопросом о самоповторениях Ходасевич отнюдь не ограничивается. Некоторые главы («О двух отрывках», «Прадед и правнук», и «Гименей») – вообще не исследуют этого вопроса, и если касаются его, то лишь очень отдаленно: основная же их тема куда более значительна и связана с тем единством личности и творчества, о котором я писал выше. Но и в других главах, действительно посвященных самоповторениям, Ходасевич столь углубляет свое задание, что сами формальные наблюдения порою отходят на второй план и начинают играть лишь служебную роль. Не случайно сам Ходасевич в том же предисловии говорит, что каждая группа самоповторений «вскрывает какую-нибудь черту в творческой личности Пушкина». В другом месте он еще яснее намекает нам на свой глубинный замысел, сближающий книгу именно с биографией «творческой личности».

«Лексические и интонационные пристрастия не случайны. Он порою говорит о поэте больше, чем он сам хотел бы сказать о себе. Они обнаруживают подсознательные душевные процессы, как пульс обнаруживает скрытые процессы физического тела. Считать их – не пустое занятие».

Эта забота о скрытых душевных процессах, отразившихся в стихах, повестях и даже заметках Пушкина, проходит сквозь всю книгу красной нитью и придает всем, якобы разрозненным очеркам единство и цельность. Все же одну оговорку здесь следуете сделать, – пожалуй, вообще единственную оговорку, возникающую при чтении книги, но очень существенную. При несомненной цельности замысла, некая неувязка в исполнении его все же есть, с внешней случайностью и неполнотой отдельных очерков (всегда сознательной) она не имеете ничего общего. Та же ли боязнь слишком широких обобщений и выводов тому причиною, или другая боязнь – нарушить своим творческим подходом к пушкинским тайнам научность пушкинской системы и установленных методов – но иногда Ходасевич скрывает смысл и цель своей работы, оставляя лишь доказательства, сводку подмеченных им чисто формальных моментов. Получается так, как будто ученый-пушкинист во имя чуть ли не формального метода порою восстает против художника и ведет с ним упорную борьбу. Эта двойственность подхода моментами и грозит нарушением цельности.

Конечно, Ходасевич столь сильный художник, что его творческая личность, в общем, одерживает победу над сухим регистратором тех или иных приемов. Но иногда, в отдельных случаях, торжествует и «формальный» подход». Так, например, интереснейший и отнюдь не формальный по существу первый очерк книги – «Явление музы», – воспроизводящей историю отношения самого Пушкина к своей поэзии в различные периоды, все же подсушен слишком уж строгой, почти математической классификацией. Как бы для того, чтобы еще больше подчеркнуть этот элемент в тексте Ходасевич сопроводит очерк геометрическим чертежом, схемой, иллюстрирующей ход его мысли. Дело, конечно, не в этой иллюстрации, хотя она столь неуютна, что без нее лучше было бы обойтись. Вернемся к тексту. Для ясности своего мыслительного и даже эмоционального построения, исследователь вправе произвести некую классификацию, не слишком, однако, вскрывая этот подсобный прием, и облекая его идейной или сюжетной плотью, Ходасевич же иногда как бы показывает рентгеновский снимок, на котором отпечатался лишь скелет его схемы. Отсюда пассажи, вроде следующего: «Подводя итог сказанному, и всматриваясь в треугольники чертежа, получаем: 5, 4, 6 рисует происхождение мифического образа Музы (в 4) и бытового образа няни (в 6)... треугольник 2, 3, 4 устанавливает связь няни – Музы с другими мифологическими образами...» и т. д. Как это сухо и как не соответствует столь живому содержанию очерка.

В двух или трех других главах Ходасевич так тщательно скрыл общую тему книги, что главы эти представляются нам уже сплошной классификацией, может быть, очень тщательной, но как раз не «обнаруживающей душевных процессов» (таковы очерки «Бережливость», «Перечисления»). Но, по счастью, их немного. Мало того – даже в некоторых из них, при внешней победе формального метода, Ходасевичу удалось полностью дать почувствовать скрытые за приемами творческие процессы. Особенно интересна в этом смысле глава «Пора!», состоящая почти исключительно из примеров различного употребления Пушкиным этого восклицания. Цитаты даже не сопровождены никакими комментариями. Но сам подбор и распределение цитат так красноречивы, что мы впрямь видим в разрезе всю душевную жизнь Пушкина – от юношеского нетерпения до предсмертного утомленного скептицизма. К таким очеркам, многое говорящим в своем предельном лаконизме, надо отнести также «Историю рифм», «Излюбленные звуки», «Вольности» и др.

Наконец, особою группу в книге представляют восемь последних глав, в которых Ходасевичу удалось полностью осуществить свое задание – синтезировать личность и творчество Пушкина, установить, пускай на частных примерах, подлинную связь между произведениями поэта и его душевной, а то и духовной жизнью. Эти очерки, без сомнения, останутся навсегда ценным вкладом в литературу о Пушкине. В них душевные процессы не только ясно обнаружены, но и глубоко истолкованы – с острым и умным критическим чутьем и, вместе с тем, с проникновением в их потайные источники. Каждый из этих очерков – глава той ненаписанной творческой биографии Пушкина, об отсутствии которой мы так жалеем.

Ходасевич и здесь отталкивается от цитат из Пушкина, но каждая ссылка открывает нам огромный участок пушкинской души, целую сферу переживаний поэта. Так, сопоставление «Скупого Рыцаря» с двумя письмами к Жуковскому помогло Ходасевичу проследить то глубокое впечатление, которое навсегда оставила в Пушкине ссора с отцом. Глава «Двор – снег – колокольчик» объясняет душевные последствия посещения поэта Пущиным; главы «Прадед и Правнук» и «Амур и Гименей» дают нам полную картину отношения Пушкина к браку и семейной жизни, и проливают новый свет на историю его собственной женитьбы. Но значительнее всего очерки и рукопись «О двух отрывках», вскрывающих некоторые моменты самого творческого процесса Пушкина. В последнем очерке Ходасевич попутно делает пушкинистское открытие: по его предположению, отрывки «Когда за городом задумчив я брожу» и «Пора, мой друг, пора», – представляют собой части одного и того же незаконченного стихотворения. Но это лишь подкрепляет развитие главной темы: исследование духовного пути Пушкина в последнее годы его жизни и связи пушкинской тяги к «покою и воле» с творческими и даже религиозными настроениями поэта.

ОБ АВТОРАХ

Павел Бабич

Поэт. Родился в 1933 году в Ленинграде. Живет в штате Вермонт, США. Был вынужден покинуть Россию в 1980 году, так как вместе с женой Джеммой участвовал в диссидентском движении. Отец четверых детей. Пережил ленинградскую блокаду. Отец Павла, почетный полярник был арестован в 1941 году, приговорен к смертной казни как «изменник родины», умер в советском концлагере в 1950 году. Реабилитирован посмертно в 1965 году. В предисловии к его единственной книге стихов «Низкое небо» (1996), жена поэта пишет: «Отъезд из России — последнее и главное событие в формировании Павла Бабича — поэта. Но, как у новорожденного с перерезанием пуповины, начинается совершенно новый процесс дыхания, так и у П. Бабича с эмиграцией изменилось его мироощущение. С первого дня отъезда из России «легла на плечи чугунным крестом — утешение за отречение». Горечь и отчаяние от потери родины, ощущение вины за бегство, благодарность к «доброй, чужой стороне» (которая никогда не стала своей) должны были найти выход, и нашли — в поэзии». Павел Бабич печатался в русской зарубежной периодике. После перенесенных двух тяжелых инсультов в 1996 году стихи писать перестал.

Граф Петр Андреевич БОБРИНСКИЙ (ОЙ) (1893-1962)

Поэт, писатель (1893, С.-Петербург — 1962, Нейи-сюр-Сен, под Парижем), похоронен на кладбище Сент-Женевьев-де-Буа…. Офицер Гвардейской конной артиллерии, журналист, поэт, масон. Окончил Пажеский корпус. Учился в Петроградском политехническом институте. В 1915 году издал сборник стихов «Пандора». Участник мировой и Гражданской войн. В 1919 служил в Отряде особого назначения по охране лиц Императорской семьи. В 1920 эвакуировался в Константинополь, затем переехал в Париж. Участник группы поэтов «Перекресток». Публиковался в «Иллюстрированной России» и «Числах». Выступал с докладами о поэзии. Автор книги «Старчик Григорий Сковорода» (Париж, 1929). Член-основатель лож Астрея, Друзья Любомудрия, Северное Сияние. Член Совета русских масонских лож. Активно боролся во французском Сопротивлении. В 1941 был арестован и помещен в лагерь Компьень. После Второй мировой войны постоянный сотрудник журнала «Возрождение». Работал техническим директором радиогенетической лаборатории в Париже. Когда через семь лет после смерти графа его вдова Мария Юрьевна, урожденная княжна Трубецкая, издала в Париже его «Стихи», Г.В. Адамович написал предисловие к сборнику».

Дмитрий Васильевич Бобышев

Поэт, переводчик, эссеист, профессор Иллинойского университета в г. Урбана-Шампэйн, США. Родился в Мариуполе, с детства жил в Ленинграде. В 1959 г. окончил Ленинградский технологический институт, 10 лет работал инженером по химическому оборудованию, затем редактором на телевидении. Писал стихи с середины 1950-х, публиковался в самиздате (в том числе в журнале Александра Гинзбурга «Синтаксис»). Дмитрий Бобышев – автор шести сборников поэзии: «Зияния», «Звери св. Антония» (совместно с Михаилом Шемякиным), «Полнота всего», «Русские терцины и другие стихотворения», «Ангелы и Силы», «Жар–Куст», «Знакомства слов», «Ода воздухоплаванию». Один из авторов-составителей «Словаря поэтов русского зарубежья» (СПб, 1999). В 1979 году в Париже вышла первая книга стихов Бобышева – «Зияния». В том же году Дмитрий Бобышев выехал в США, где живёт и сейчас – в городе Урбана-Шампэйн, штат Иллинойс. Он является также автором ряда поэтических переводов. В 2014 году в американском издательстве вышли три тома мемуарной прозы «Человекотекст». Печатается во многих эмигрантских и российских журналах. В начале 1960-х годов вместе с Иосифом Бродским, Анатолием Найманом, Евгением Рейном Бобышев входил в ближайший круг Анны Ахматовой.

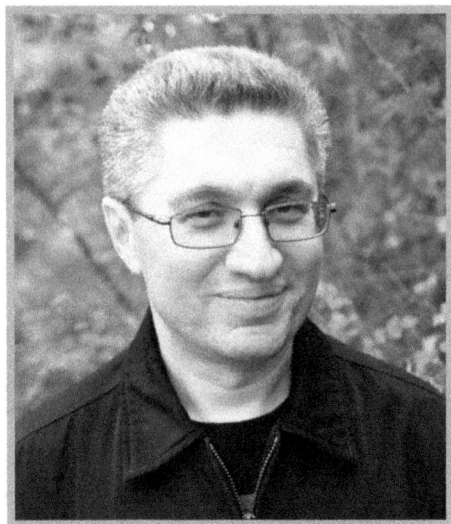

Александр Габриэль

Поэт. Бывший минчанин, теплоэнергетик по образованию, кандидат технических наук. С 1997 года живет с семьей в пригороде Бостона (США). Дважды лауреат поэтического конкурса «Заблудившийся Трамвай» им. Н. Гумилева (Санкт-Петербург, 2007 и 2009 гг.), обладатель звания «Золотое Перо Руси» (Москва, 2008 г.), автор четырех сборников стихов, изданных в России, а также автор многочисленных газетных и журнальных публикаций в США, России и других странах, включая 17 публикаций на страницах Журнального Зала.

Олег Дмитриев

Поэт, литературовед, журналист, переводчик, издатель. Родился в Выборге в 1960 г. в семье военнослужащего. До 1967 г. жил в Казахстане, после развода родителей переехал в Выборг. С 1977 г. живёт в Ленинграде (Санкт-Петербурге). В 1983 г. закончил Ленинградский политехнический институт (в наст. время Санкт-Петербургский технический университет им. Петра Великого). Автор двух книг стихов, участник нескольких альманахов (стихи и рассказы), вёл исторические и краеведческие рубрики в газете «Петергофский вестник» и журнале «Нефть, газ, промышленность», автор публикаций о творчестве П. Потёмкина, М. Лермонтова, Г. Гофмансталя, переводил стихи с финского. С 2007 г. возглавляет российско-финское издательство «Юолукка» (Juolukka), которое специализируется на издании книг авторов так называемого Ленинградского андеграунда 1960-80-х гг.

Александр Карпенко

Поэт, прозаик, композитор, ветеран-афганец. Член Союза писателей России. Закончил спецшколу с преподаванием ряда предметов на английском языке, музыкальную школу по классу фортепиано. Сочинять стихи и песни Александр начал еще будучи школьником. В 1980 году поступил на годичные курсы в Военный институт иностранных языков, изучал язык дари. По окончании курсов получил распределение в Афганистан военным переводчиком (1981). В 1984 году демобилизовался по состоянию здоровья в звании старшего лейтенанта. За службу Александр был награжден орденом Красной Звезды, афганским орденом Звезды 3-й степени, медалями, почетными знаками. В 1984 году поступил в Литературный институт имени А. М. Горького, тогда же начал публиковаться в литературных журналах. Институт окончил в 1989-м, в этом же году вышел первый поэтический сборник «Разговоры со смертью». В 1991 году фирмой «Мелодия» был выпущен диск-гигант стихов Александра Карпенко. Гастролировал по городам США, выступая с поэтическими программами на английском языке. Снялся в нескольких художественных и документальных фильмах. Автор семи книг стихов и прозы, а также более ста публикаций в Журнальном и Читальном залах. Телеведущий авторской программы «Книги и люди» на «Диалог-ТВ».

Лазарь Израилевич Кельберин (1907 – 1975)

Поэт, писатель, литературный критик. Родился в 1907 г. в Киеве, умер 28 декабря 1975 в Париже. В начале 1920-х гг. эмигрировал во Францию, жил в Париже. Член Союза молодых поэтов и писателей, участник его литературных вечеров (1930). Участник вечеров журнала «Числа», собраний литературных объединений «Кочевье», «Зеленая лампа» (1930-е). Член Объединения поэтов и писателей, выступал на литературных вечерах (1930-е). Секретарь редакции журнала «Числа» (1930-1934). В 1929 в Париже издал сборник стихов «Идол». Печатался в журналах: «Современные записки», «Числа», «Полярная звезда», «Русские записки»; газете «Возрождение». Стихи вошли в антологии русской зарубежной поэзии «Якорь» (1936) и «На Западе» (1953). В 1945 в Ницце принял участие в организации вечера И. А. Бунина. После Второй мировой войны сотрудничал в газете «Русская мысль». Похоронен на кладбище Сент-Женевьев-де-Буа.

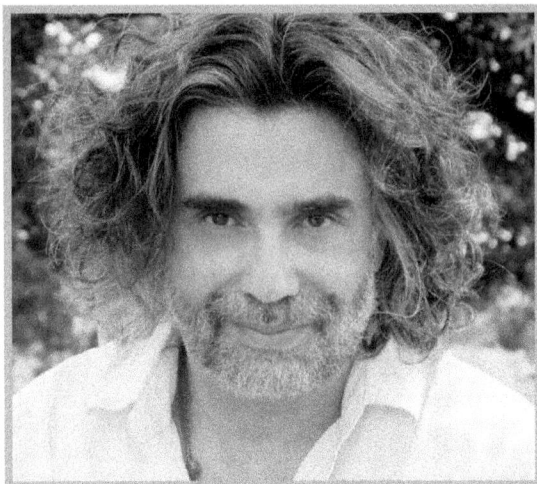

Игорь Джерри Курас

Поэт, прозаик. Родился в 1963 году в Ленинграде. Окончил Технологический институт целлюлозно-бумажной промышленности по специальности инженер-теплоэнергетик. С 1993 года живёт в пригороде Бостона, США. Автор сборников стихов «Камни|Обёртки» и «Не бойся ничего», книги сказок для взрослых «Сказки Штопмана», книжек стихов для детей «Загадка природы» и «Этот страшный интернет». Стихи и проза публиковались в периодических изданиях и альманахах России, Украины, Канады, Германии, Израиля, США. Избранные стихотворения Игоря переведены на иврит, английский, немецкий и украинский языки.

Иван Созонтович Лукаш (1892 – 1940)

Поэт, исторический романист и журналист первой волны эмиграции, псевдоним Иван Оредеж. Родился в Петербурге в семье ветерана Русско-турецкой войны. Закончил юридический факультет Петербургского университета. Первая книга стихов – «Цветы ядовитые» (1910 г.). Участвовал в изданиях эгофутуристов, писал очерки для газет. Горячо принял Февральскую революцию, посвятив ее героям серию брошюр. В октябре 1917 года пережил кризисные настроения, определившие перелом в его мировоззрении. Воевал против красных в Добровольческой армии. В Крыму сотрудничал в белогвардейских газетах. Прошел долгий путь эмиграции: Константинополь, Галлиполи, Тырново, София, Вена, Прага, Берлин, Рига, Париж. Эпизоды Гражданской войны отразил в повести «Смерть» и документальной книге «Голое поле» (обе изданы в 1922 г.) В Берлине вступил в содружество русских писателей «Веретено». Издал сборник рассказов «Черт на гауптвахте», повести «Дом усопших» и «Граф Калиостро», роман «Бел Цвет» и мистерию «Дьявол». В 1925 году переехал в Ригу, где сотрудничал в газетах «Слово». С 1928 году обосновался в Париже, стал сотрудником газеты «Возрождение». Здесь были напечатаны: сборник рассказов «Дворцовые гренадеры» (1928), повесть «Император Иоанн» (1939), романы «Пожар Москвы» (1930), «Вьюга» (1936), «Ветер Карпат» (1938), «Бедная любовь Мусоргского» (1940). Умер в 1940 году в туберкулёзном санатории Блиньи во Франции.

Михаил Мазель

Поэт. Родился в 1967 г. в Москве. Окончил математическую школу и технический ВУЗ. Работал в НИИ инженером-про-граммистом. С 1997 г. живёт в Нью-Йорке. Вице-президент Клуба русских писателей Нью-Йорка. Редактор Альманахов и web-страницы Клуба. Занимается web-дизайном и фотографией. Опубликовал более десяти книг стихов и прозы. На стихи Михаила написано более ста песен. Более 18-ти лет поддерживает литературно-художественный портал «Умение удив-ляться» (**www.mikhailmazel.ru**).

Юрий Владимирович Мандельштам (1908 – 1943)

Поэт и литературный критик первой волны эмиграции, участник ряда литературных объединений Парижа. Родился 8 октября (по новому стилю) 1908 г. в Москве, погиб 15 октября (ошибочно считают 18 окт.) 1943 г. в Освенциме в Польше (Яворжно). Уехал с семьей из России в 1920 г. Окончил русскую гимназию с серебряной медалью в 1925 г. и в 1929 г. филологический факультет Сорбонны. Знал несколько иностранных языков. Писал критические статьи для русских и французских периодических изданий (написано более 350 статей). Принимал активное участие в «Содружестве поэтов и писателей Парижа», «Зеленой лампе», «Перекрестке» и др. кружках. Часто выступал с докладами и чтением своих стихов. В 1936 г. женился на старшей дочери Игоря Стравинского, Людмиле Стравинской, и перешел в православие. Вскоре после рождения дочери Китти, Людмила умерла от туберкулеза. Смерть жены оставила тяжелый след в душе поэта. Ей он посвятил свои лучшие стихи. После смерти В. Ходасевича в 1939 г. вел критический отдел газеты «Возрождение». При жизни вышли три сборника стихов «Остров» (1930), «Верность» (1932) и «Третий час» (1935) и книга статей «Искатели» (1938), которая была издана в Шанхае. Книга стихов «Годы» была напечатана посмертно в 1950 г., и в 1990 г., в Гааге вышло полное собрание стихотворений Ю. Мандельштама. Журнал «Зарубежная Россия: Russia Abroad Past and Present», №2, 2015 полностью посвящен памяти поэта и составлен совместно с его внучкой Мари Стравинской.

Борис Марковский

Поэт, переводчик. Родился в Киеве в 1949 г. После окончания школы поступил в Киевский педагогический институт, в котором проучился 3 года, после чего институт бросил. Работал грузчиком, полотером, ювелиром. При советской власти не печатался. В 1994 году уехал в Германию на постоянное место жительства. С 1998 года – главный редактор и издатель международного литературного журнала «Крещатик». В 2002 году в издательстве «Алетейя» вышла в свет книга стихов и переводов «Пока живу – надеюсь…». В 2011 г. – книга стихов «Мне имени не вспомнить твоего». В 2015 г. в том же издательстве вышла книга стихов «И кровь моя принадлежит листве».

Георгий Андреевич Мейер

Публицист, философ, литературовед, поэт. Родился в 1894 г. в Симбир-
ской губернии в семье потомка ливонского рыцаря Мейера фон Зеге-
вольта, перешедшего на службу в России при Иване Грозном, и внучки
писателя С. Т. Аксакова. Умер в 1966 г. в городе Дьеп, Франция. По
окончании реального училища Мейер поступил на филологический ф-т
Московского ун-та, но через год оставил его. Гражданскую войну он
провел в белой армии, в 1920 г. эвакуировался в Константинополь. В
1923 г. переехал во Францию и короткое время сотрудничал в журнале
«Русская земля», в 1925-1940 гг. стал сотрудником газ. «Возрождение»,
издававшейся в Париже П. Б. Струве. В начале 1950-х гг. неофициально
возглавлял журнал «Возрождение», но затем из-за идеологических
разногласий вышел из редакции. В 1959 г. он начинает печататься в
журнале «Грани», где появляются отдельные главы его книги о Досто-
евском, оставшейся неоконченной. Литературное наследие Мейера на-
считывает несколько десятков публицистических и философских статей
и 2 книги, изданные уже посмертно. Наследие Мейера изучено еще
очень слабо. Между тем, среди эмигрантских публицистов и писателей
он занимает отнюдь не последнее место, хотя на Западе его популяр-
ность не идет ни в какое сравнение с популярностью, например, Бердя-
ева или Мочульского.

Александр Мельник

Поэт. Родился в 1961 г. в Молдавии. Окончил Московский институт геодезии, аэрофотосъёмки и картографии («морская геодезия»). 18 лет прожил в Забайкалье, в Улан-Удэ (картографирование дна Байкала, геодезические работы, космическая география, бизнес). С 2000 года живёт в Бельгии (в Льеже). Закончил с отличием третий цикл Католического университета Лувэна по специальности «Космические методы исследований и картография». Доктор наук (география). Участник IV Международного русско-грузинского поэтического фестиваля «Мир поэзии – мир без войны» (2010 г.). Вошёл в шорт-лист специального приза и диплома «Русской премии – 2014» «За вклад в развитие и сбережение традиций русской культуры за пределами Российской Федерации» (за проект «Эмигрантская лира»). Публиковался в поэтических сборниках и журналах 9 стран. Автор книг стихотворений «Лестница с неба» (2010 г.), «Метаморфоза» (2012 г.) и «Вселенная, живущая во мне» (2014 г.), автобиографической хроники «Зимовье губы Ширильды» (2013 г.), книги прозы «Полтора километра льда» (2014 г.), а также книг «Почему Бог один, а религий много?» (2012 г.) и «Лира» (сборник публицистических материалов о поэзии) (2015 г.). Президент некоммерческой ассоциации «Эмигрантская лира».

Анна Семёновна Присманова (1892 – 1960)

Поэтесса первой волны эмиграции (1892, Либава –1960, Париж). Жена поэта А. С. Гингера. В 1910 году приняла православие. В 1918 году приехала в Петроград, где в 1921 году стала членом Союза поэтов Н. Гумилёва. Эмигрировала в 1921 году, сначала в Берлин, потом в Париж. Была одним из организаторов объединения «формистов», находившегося в оппозиции как кругу Д. Мережковского и З. Гиппиус, так и кругу «парижской ноты» Георгия Адамовича. На её творчество оказали влияние В. Ф. Ходасевич, Б. Л. Пастернак, О. Э. Мандельштам, М. Цветаева. В 1920-1930-е годы её стихи публиковались в журналах «Воля России», «Современные записки», «Эпопея», «Встречи», «Русские записки», альманахе «Круг». Первый сборник «Тень и тело» вышел в 1937 году. Во время немецкой оккупации они с мужем оставались в Париже, в 1946 году на волне советского патриотизма среди русских эмигрантов приняли советское гражданство. Сестра Присмановой, Елизавета, с семьёй вернулась в СССР. При жизни поэтессы вышли следующие сборники ее стихов: «Тень и тело» (Paris, 1937), «Близнецы» (Paris, 1946), «Соль» (Paris, 1949) и «Вера» (Paris, 1960).

Пётр Потемкин (прибл. 1886 – 1926)

Русский поэт, переводчик, драматург, критик. Из дворян. Отец, Пётр Денисович, был преподавателем гимназии, затем служащим Рижско-Орловской железной дороги. Учился в гимназиях в Риге, Томске, Санкт-Петербурге. В 1904 поступил на физико-математический факультет Санкт-Петербургского университета, в 1909 перешёл на историко-филологический факультет, но в 1910 отчислен «как не внёсший плату за учение». Сотрудничал в различных газетах и журналах. После революции жил в Москве. С 1920 – в эмиграции (Прага, Париж). В марте 1923 вступил в масонскую ложу «Астрея». В 1926 сыграл эпизодическую роль в фильме А. Волкова «Казанова». Печатал в многочисленных журналах, закрывавшихся после выхода нескольких номеров, в основном сатирические стихи и пародии. В декабре 1906 года получил приз журнала «Золотое руно» за лучшее стихотворение о дьяволе (Дьявол // Золотое руно. 1907. № 1). В 1908 году вышел первый сборник стихов «Смешная любовь», вызвавший многочисленные рецензии. В этом же году Потёмкин стал одним из главных авторов и сотрудником редакции нового журнала «Сатирикон». Он познакомился с Н. Гумилёвым, А. Толстым, начал посещать «башню» Вяч. Иванова на Таврической улице. В Праге Потёмкин был членом местного шахматного клуба «Алехин». Умер от гриппа. Похоронен на кладбище Пантен, впоследствии прах был перенесён на кладбище Пер-Лашез.

Михаил Рахунов

Поэт, переводчик. Родился и большую часть своей жизни прожил в Киеве. Международный гроссмейстер по шашкам, двукратный чемпион СССР (1980, 1988), призер чемпионата Мира (1989). В настоящее время живет в пригороде Чикаго, где вышла в 2008 году его первая книга стихотворений «На локоть от земли». Печатался в американских журналах «For You» (1996) и «Время и Место» (№4, 2009 г). Чикагский еженедельник «Реклама» (№1 2011 г.), «Интерпоэзия» (№1 2011 г.). Вторая книга стихов «Голос дудочки тростниковой» вышла в 2012 году одновременно и в Москве (издательство "Водолей"), и в США (издательство "POEZIA.US"). С 2009 года занимается переводами англоязычной поэзии: Киплинг, Сара Тидейл, Роберт Льюис Стивенсон, Уильям Батлер Йейтс, Редьярд . Большая подборка его переводов вошла в книгу Сара Тисдейл. «Реки, текущие к морю», издательство «Водолей», (Москва), 2011 г. Переводы поэта вошли также в 3-ю книгу серии «Век Перевода», (Москва, 2012) выпускаемую издательством «Водолей». Как переводчик представлен на синих страницах Сайта «Век перевода».

Валентина Алексеевна Синкевич

Поэтесса, эссеист, литературный критик и издатель, родилась на Украине, в Киеве, в 1926 году. Детство ее прошло в г. Остре, на Украине. Во время войны Остер был оккупирован немцами, и 16-летняя Валентина в 1942 была насильно депортирована в Германию в качестве «остарбайтера» (вывезена в трудовой концлагерь). После окончания войны до 1950 находилась в лагерях для перемещенных лиц во Фленсбурге и Гамбурге. В 1950 году вместе с мужем, художником Михаилом Качуровским, и маленькой дочкой, попадает в Америку. Валентина начала писать стихи еще в детстве, но опубликовалась впервые только в 1973 г., когда вышла из печати ее первая книга стихов «Огни». С 1983 года Валентина Синкевич была главным редактором альманаха «Встречи» (до 1983 – «Перекрёстки»). Она является также составителем антологии русских поэтов второй волны эмиграции «Берега» (Филадельфия, 1992). Валентина публиковалась в ряде антологий и сборников, а также печаталась в периодических изданиях России и Америки. Она является одним из авторов-составителей «Словаря поэтов русского Зарубежья» (СПб., 1999) и автором около 200 очерков, рецензий и критических статей, автором шести сборников поэзии и двух книг литературных статей и воспоминаний.

Владимир Алексеевич Смоленский (1901-1961)

Русский поэт первой волны эмиграции. Родился 24 июля 1901 г., под Луганском в семье полковника, потомственного донского казака, служившего в жандармском полицейском управлении. Отец Смоленского был расстрелян большевиками в 1920 году. С 1919 воевал в Добровольческой армии, с которой и эвакуировался из Крыма в 1920. Жил в Тунисе, потом во Франции, где два года работал на металлургических и автомобильных заводах. Получив стипендию, окончил гимназию и поступил в Высшую коммерческую академию. После окончания работал бухгалтером. В 1947 году вместе с Ю.П. Одарченко и А.Е. Шайкевичем редактировал литературный альманах «Орион». Входил в ряд литературных объединений (Союз молодых поэтов и писателей, «Перекрёсток» и др.) Считался одним из лучших чтецов русского Парижа. Выпустил три небольших сборника стихов: «Закат» (1931), «Наедине» (1938), «Собрание стихотворений» (1957). Посмертно вышел сборник «Стихи» (1963). Творчество Смоленского высоко ценил В. Ходасевич, которого Смоленский называл первым среди своих учителей. Стихи Смоленского – «тончайшие, исполненные подлинного чувства, умносдержанные», – писал Ходасевич. «Владимир Смоленский писал ясную, неусложненную поэзию, иногда сильную», – отмечал Роман Гуль. Вл. Смоленский умер от рака горла 8 ноября 1961 г., в Париже.

Владимир Николаевич Унковский

Военный врач, журналист и писатель (1888 - 1964). Родился предположительно в одной из ветвей дворянского рода Унковских. После революции эмигрировал. Участвовал в ряде военных акций в Европе и Африке. Сотрудничал с различными регулярными изданиями, являлся сотрудником многих русскоязычных изданий Европы, США и Китая. Пользовался псевдонимом Андрей Клинский. В 1934 году опубликовал в Париже роман из эмигрантской жизни «Перелом» (в 4 частях), которому было посвящено эссе Брешко-Брешковского. Похоронен на кладбище Сент-Женевьев-де-Буа.